KB237334

협상의 도인트를 잡아라

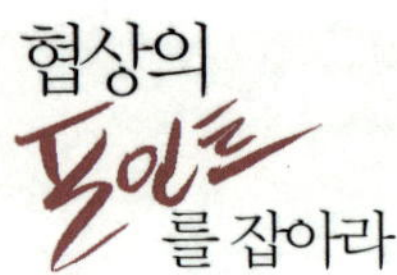

협상의 **포인트**를 잡아라

초판1쇄 발행 | 2009년 5월 10일

지은이 | 이창호
펴낸이 | 채주희
펴낸곳 | 해피&북스

등 록 | 제313-2004-00119호(2004.5.10)
주 소 | 서울특별시 마포구 망원동 379-41
전 화 | 02-323-4060, 322-4477
팩 스 | 02-323-6416, 080-088-7004
메 일 | happybooks2004@hanmail.net

ⓒ이창호 2009

기 획 | 이종덕   마 케 팅 | 김연범(010.3767.5616)
디자인 | 김왕기   마케팅지원 | 정수복 · 이정숙

정 가 | 10,000원
ISBN | 978-89-962219-3-7 93810

협상의  를 잡아라

이창호 지음

해피&북스

바야흐로 협상의 시대다

우리의 현대 문명사회에서는 협상 없이는 아무것도 할 수 없다.

'에이, 너무 과장이 심한 거 아냐?'라고 생각하는 당신! 협상의 범위와 종류를 한번 잘 생각해 보라. 크게는 나라와 나라 사이의 외교협상이 있을 것이고, 기업과 기업 간의 가격협상, 직장인들의 연봉협상, 더 작게는 재래시장에서 이루어지는 판매자와 소비자의 물건 값 실랑이까지, 모두 협상의 일환이다. 이렇게 따지고 보면 협상 없이는 아무것도 이룰 수 없다는 건 결코 과언이 아니다.

그러나 이 협상을 제대로 하기는 정말 쉽지 않다.

협상만 하면 목소리가 떨려서 하고 싶은 말을 다하지 못하고, 나중에 '이 말을 했어야 하는데!'라며 땅을 치기도 한다. 또 협상을 한답시고 상대방의 멱살을 잡고 고래고래 고함을 지르는, 참혹한 결과를 낳기도 한다. 혹은 열심히 협상을 했는데, 의아하게도 결과는 엉망진창인 경우도 있을 것이다. 결코 당신만 그런 것이 아니다. 협상이라는 것이 결코 스스로가 만족할 만한 수준에서 이루어지지 않는 것을 모두 한번 이상씩은 느꼈을 것이다.

대체 왜 우리는 만족하는 협상을 이루지 못하는 것일까?

특히 나이가 많을수록 그러한데(사실 꼭 그러한 것도 아니다. 나이가 많은 사람은 종종 그만큼 축적된 경험으로 쌓은 협상기술이 있기도 하다.) 우리나라 사람들은 전반적으로 협상에 취약하다. 툭 털어놓고 말하자면 우리 개개인의 협상기술은 미국과 같은 선진국에 비해 한참 뒤떨어지는 수준이다. 그리고 외교 분야에서도 우리나라의 협상기술은 수준 이하라는 이야기를 듣고 있다고 한다.

보통 선진국에서는 어릴 때부터 협상기술을 익힐 수 있는 사회 환경이 잘 갖춰져 있다. 이곳의 아이들은 말을 익힐 때부터 부모나 주변사람들과 협상하는 법을 익힌다. 다섯 살 때부터 5센트를 받으며 구두를 닦는 데 만족하지 않고, 구두를 닦는 대신 10센트를 받아야 하는 이유를 조목조목 설명하는 방법을 익혀, 엄마와 협상하는 아이들이 미국의 아이들이다. 그러한 협상 방법을 아는 사람들과 우리가 쉽사리 좋은 협상결과를 내지 못하는 것은 어느 정도는 당연한 일인 것이다.

하지만 협상기술이 없다고 협상을 포기할 순 없다.

어린 시절부터 협상기술을 배우지 못했다면, 지금 배우면 되는 것이 아닐까? 이 글을 읽고 있는 당신은 어쩌면 어린 시절부터 협상의 기술을 배운 사람들과 내가 잽이 될지 고민스러울지도 모른다. 안심해도 좋다. 지금까지 당신이 만족할 만한 협상을 이루지 못했던 것은 이유가 있다. 그것이 무엇인지 구체적으로 알고 충분히 노력을 한다면 누구와 협상을 하더라도 좋은 결과를 이끌어낼 수 있다.

당신이 협상을 잘 하지 못했던 이유는 바로 협상의 포인트를 놓치고 있었기 때문이다.

지금부터 이야기하는 협상의 포인트가 무엇인지, 어떻게 협상의 포인트를 잡아야 할지, 잘 알고 파악해서 협상을 한다면, 당신은 당신 스스로가 괄목할 만한 수준의 협상을 이루는 것을 보고 깜짝 놀라게 될 것이다.

　기억하자, 협상의 포인트를 잡으면 성공적인 협상에 이를 수 있다는
것을!

미국 하와이 펠리지에서
대한민국 신지식인 이 창 호

차례

균형 속의 협상 찾기 II

의사소통의 균형

설득의 균형

힘의 균형

성공적인 협상을 위한 최종 정리

협상의 이해

균형 속에 숨어 있는
협상의 포인트

현대사회에서 모든 것은 협상으로 통한다고 해도 과언이 아니다. 협상이 없이는 이룰 수 있는 게 없다는 것을 굳이 말로 하지 않아도 다들 느끼고 있기에 이 책을 펼쳐들었을 것이다. 그래서 다들 협상을 잘 하기 위해 머리를 굴리지만, 만족할 만한 협상을 이루는 게 결코 쉬운 일이 아니다. 모두 포인트를 제대로 짚지 못해서다. 지금부터 협상의 포인트를 짚기 위해 무엇에 집중해야 할 것인지를 살펴보자.

1. 현대사회에서 협상의 정의

협상의 포인트를 잡으려면 우선 협상이 무엇이며, 왜 협상을 하는지 알아야 한다. 협상이란 무엇인가?

최근 협상에 대한 연구에서는 협상의 성질과 특징을 중심으로 협상을 정의하고 있다. 크게 세 가지 관점으로 나눌 수 있는데 첫 번째는 바로 협상을 과학이라고 보는 관점이다. 이 관점은 협상력을 과학적으로 분석해서 발전시킬 수 있다고 본다. 이를테면 세계 수영 발전사를 살펴볼 때, 수영복의 발전이 기록 단축에 기여했듯이 협상에서도 협상 참여자가 협상의 기본원리와 기술을 잘 배우고 훈련할수록 협상력을 키울 수 있다.

두 번째는 협상을 예술로 보는 관점이다. 물론 협상은 실리(實利)를 목적으로 하고, 특히 눈앞의 이익을 목표로 할 때가 많다. 그러나 협상을 하는 주체는 바로 사람이므로 협상의 결과에 협상 참여자들이 서로 충분히 만족해야 진정 성공한 협상이라 할 수 있다. 따라서 협상은 그 목표에 도달하기까지 다양한 의견 조율의 과정을 거치고, 종합적인 판단으로 타결되어야 한다. 그래서 협상 참여자들이 전체적인 안목을 가지고 협상에 임해야 하고, 여러 복잡한 전략을 세워서 주도면밀한 협상 대화를 주고받으며 총체적인 결론을 이끌어낸다는 점에서 종합예술과 다름없다고 할 수 있다.

세 번째는 협상을 게임으로 보는 관점이다. 예를 들어, 우리가 게임을 즐기려면 게임의 법칙을 알고 지켜야 하듯 협상도 협상의 법칙을 알고 지킬 때 성공적으로 협상할 수 있다. 그리고 게임에서 정당하게 이겨야 승부에 이의가 없듯 협상도 정당하게 타결될 때에야 비로소 서로가 협상의 결과를 인정하고 만족할 수 있다.

2. 목소리 큰 사람이 협상에서 유리하다?

협상은 가장 이상적이고 합리적으로 이해관계를 조율하는 방식이다. 사회적으로 협상의 위상이 높아지면서 협상에 대한 이론적인 뒷받침이 심도 있게 연구되고, 논리적이고 침착하게 협상을 주도하는 인재의 수요가 늘어나고 있다.

그러나 안타깝게도 우리 사회에서 협상문화는 아직 걸음마 단계에 불과하다. 예를 들어, 가벼운 접촉사고가 났다고 가정해 보자. 보통 사람들은 서로 냉정하게 잘잘못을 가리기보다 일단 차에서 내려 소리부터 버럭버럭 지를 것이다. 심한 경우에는 멱살을 잡고, 주먹다짐까지 할지도 모른다. 이는 큰소리를 뻥뻥 치면서 우격다짐으로 밀어붙여야

만 '이길 수 있다'라는 착각 때문이다. 마치 겁 많은 개가 먼저 짖고, 제 앞에 있는 사람을 물려고 덤비면 저를 무서워할 줄로 '착각'하는 것과 다름없다.

착각하지 말자. 목소리 큰 사람은 절대 협상에서 이길 수 없다. 협상은 논리 싸움이다. 자신이 원하는 것을 합리적으로 얻어내는 가장 세련되고 치밀한 방식이다. 협상에서 필요한 것은 빈틈없는 논리와 조리 있는 말솜씨, 그리고 상대의 이야기를 제대로 들을 수 있는 귀, 하나를 얻었으면 하나를 포기할 줄 아는 현명함, 시간을 두고 천천히 협상을 진행할 수 있는 끈기이지 '큰 목소리'가 아니다.

3. 협상은 투쟁이 아니다

옛날 중국에 손자와 더불어 병법에 쌍벽을 이루는 오자라는 사람이 있었다. 오자는 자기 아버지와 형제의 원수를 갚느라 오랜 세월을 보냈다. 몇몇 사람이 이런 오자를 어리석다고 비난했을 때, 오자는 '일모도원'(日暮途遠)이라는 말을 했다. 일모도원이란 해는 저물고 있지만 갈 길은 아직 멀었다는 뜻이다. 자신이 비록 나이를 많이 먹었지만 앞으로 할 일이 많다는 뜻으로 이야기한 것이다.

필자는 '일모도원'이야말로 대한민국에서 진정한 협상문화가 정착

되기를 바라는 마음에 부합한다고 생각한다. 과거 우리나라는 불운한 시대를 보내면서 오랫동안 자유로운 언로(言路)가 막혀 있었다. 그렇기에 논리를 앞세워 대화하고 조율하는 협상보다 다소 과격한 방법으로 권리를 주장하고 요구를 관철시키고자 하는 시위가 더 많이 벌어진 듯하다. 우리나라가 처했던 안타까운 역사적 상황이야 어쩔 수 없지만, 바라건대 나라가 안정되고 민주주의가 발전하면서 투쟁의 역사가 막을 내렸으면 한다. 이제는 서로 협상 테이블에 마주앉아서 대화를 나누고, 원하는 것을 현명하게 조율해 서로에게 가장 이익이 되는 결론을 얻어야 할 때다.

어느 전자기기를 만드는 중소기업에서 비정규직 해고 근로자들이 농성을 벌였다. 근로자들은 1000일 이상을 투쟁하고 60여 일 동안 단식 농성을 벌였다. 이는 사회적으로 큰 파문을 일으켜 수많은 사람이 근로자 편에 섰고, 이들은 곧 해당 중소기업에서 만든 제품의 불매운동을 벌였다. 결국 자금난을 견디다 못한 중소기업은 도산했고, 해고되었던 근로자들뿐만 아니라 회사에 남아 있던 근로자마저 일자리를 잃어버리고 말았다.

예화에서 알 수 있듯 극단적인 방법은 극단적인 결과를 낳는다. 중소기업과 해고 근로자들은 서로 상대가 양보하기를 바라며 정작 자신들은 한 발자국도 물러서지 않았다. 하지만 먼저 양보하는 것은 지는 것이라고 착각하고 팽팽하게 맞선 끝에 양쪽 다 아무것도 얻지 못했다. 이들이 만약 협상에 대해 올바르게 알고 임했더라면 분명 결과가 달랐을 것이다.

4. 협상은 시대적 요구다

우기동은『성공전략 협상』의 서문에서 다음과 같이 말한다.

첫째, 우리 사회는 그동안 권위주의적 문화를 바탕으로 상하간의 위계질서를 중시하는 사회였다. 따라서 상대방과 수평적인 관계를 전제로 하는 협상을 통해 문제를 해결할 필요가 전혀 없었다는 점이다.

둘째, 우리는 고조선시대부터 지금까지 동질적인 문화와 언어를 가지고 있어 획일적인 문화와 논리에 익숙해져 있다. 따라서 나와 다른 것은 틀린 것이라는 믿음 하에 집단 따돌림을 시킬지언정 구태여 다양성을 존중하는 협상을 할 이유도 없었다는 점이다.

셋째, 우리나라에 있어서 일제강점기와 군사독재 등의 역사는 극단적인 이념의 대립을 불러와 사회 구성원 간에는 적군 아니면 아군이라는 이분법적 흑백논리로 재단하도록 하여 왔다. 따라서 협상은 야합이나 배신행위로 간주되어 왔다는 것이다.

넷째, 60년대부터 경제성장을 위한 효율성 논리가 최고의 가치로 받아들여짐에 따라 그에 위배되거나 상충되는 가치들은 논의조차 할 필요가 없는 것으로 여겨 왔다. 따라서 협상은 비효율적이라는 가치구조 때문에 협상으로 받아들여질 여지가 전혀 없었다는 것이다.

최근 우리나라에서는 미비한 협상문화에 대한 자성의 소리가 곳곳에서 나오고 있다. 실례로 국제통상 협상에서 한국이 번번이 불리한 결과를 얻어낼 때마다 사람들은 외국에 비해 부족한 협상력을 질타한다.

그러나 협상에 대한 전문적인 역량이 없고, 문화적인 풍토가 마련되지 않은 형편에서 어찌 협상력을 키울 수 있겠는가!

현대사회의 협상이론에 따르면 협상에서 이기고 지는 승부를 논의할 수는 없다. 다만 협상에서 실제적으로 타협하거나 양보하는 정도를 두고 '이겼다' 혹은 '졌다'라는 표현을 쓸 수 있을 것이다. 여기서 한국이 미국에게 '졌다'라는 표현 역시 협상에서 한국이 미국보다 타협하고 양보하는 정도가 심했다는 의미다. 사실 미국에 비해 한국은 협상문화가 정착되지 않았고, 협상력이 미약하다. 그렇기에 한국이 미국과 협상에서 결과적으로 불리한 입장에 처하게 되는 것은 당연하다고 할 수 있다.

필자는 말한다. 협상문화의 정착은 비단 국내에 국한된 일이 아니라 세계적인 흐름에 대한 시대적 요구이며 중심적인 생각이다.

5. 협상은 균형이다

로마 가톨릭 교회의 권세가 하늘을 찌르던 중세 유럽에서는 큰 성당을 지을수록 절대자와 교회의 권위를 드높이는 것이라고 생각했다. 따라서 곳곳에서 커다란 성당을 짓는 공사가 벌어졌고, 공사는 대부분 가난한 인부들의 손으로 이루어졌다.

그 가운데 어느 한 공사장에서 있었던 일이다. 어느 날, 공사 현장을 둘러보러 나온 주교가 세 인부에게 물었다. "당신들은 여기서 무엇을 위해 일합니까?" 첫 번째 인부가 대답했다. "먹고 살기 위해서 일하지

요."두 번째 인부가 대답했다. "난 그저 벽돌을 하나하나 쌓아 튼튼한 담을 만들 뿐이오." 세 번째 인부가 대답했다. "하느님께 미사를 드리는 사람들을 위해 성당을 짓고 있습니다."

세 인부 가운데 누가 옳은 답을 말했다고 생각하는가? 혹시 세 번째 인부라고 생각하지 않는가? 만약 그렇다면 그 이유는 무엇인가?

결론부터 말하자면 옳은 답은 없다. 우리가 흔히 세 번째 인부가 옳은 답을 말했다고 생각하는 까닭은 세 번째 인부의 답이 노동의 형이상학적인 가치를 가장 부각시켰기 때문이다.

그러나 생각을 달리해서, 각각의 인부 입장에서 서 보면 어떨까?

첫 번째 인부는 하느님께 미사를 드릴 불특정 다수보다 당장 먹고 살아야 할 자신이 우선이다. 형이상학적인 가치에 의미를 두기에 앞서 자기 생계를 소중히 한 것이다. 두 번째 인부는 자신이 하는 일에 충실하다. 최선을 다해 일하고, 만족할 만한 결과를 내기 위해 묵묵히 일할 뿐이다. 세 번째 인부는 단순한 자기 노동에서 숭고한 가치를 찾는다. 그리고 숭고한 가치를 기쁨과 감사로 바꿀 줄 안다.

세 인부의 이야기를 통해 필자는 "전체는 하나가 아니다."라고 말하고 싶다. 전체란 서로 다른 개별적 목소리가 모인 집합이지 결코 하나일 수 없다. 요는 전체를 이루는 개별적인 것을 살리고, 개별적인 것이 모인 전체적인 것을 동시에 살리는 것이라 할 수 있다. 이것이 바로 '균형'이다.

사실 우리나라에서는 진정한 협상이 없다는 말이 많이 나온다. 그것은 우리 사회가 오랫동안 통합이라는 명분 아래 소수의 목소리를 묵살하고, 모든 것을 흑백논리로 재단하려고 했기 때문이다. 시민사회에서 통합이란 민주주의 제도에서 국가가 쳐놓은 울타리나 주형틀에 맞춰 나오는 주형물이 될 수 없다. 진정한 통합은 시민들의 서로 다른 목소리가 동등하게 존중되고, 다수 의견을 중심으로 소수 의견을 조정하며 진행되어야 한다.

다수 의견과 소수 의견이 질서 있게 조화를 이루려면 무엇이 필요할까? 이 또한 다수 의견과 소수 의견을 동시에 살릴 수 있는 '균형'을 찾는 것이 무엇보다 중요하다.

협상도 마찬가지다. 어느 한쪽이 자기 의견만 고집하고자 하면 협상이 이루어질 수 없다. 만약 끝까지 관철하는 데 성공한다면 그것은 다른 한쪽의 의견이 철저히 묵살 당했다는 의미다. 이는 결코 성공적인 협상이라고 할 수 없다.

협상을 성공적으로 이끌려면, 서로 타협하고 양보하는 정도가 균형을 이루어야 한다. 즉 절묘한 균형을 찾아내는 것에 협상의 성패가 달렸다고 해도 과언이 아닐 것이다.

협상의 세 가지 관점

① 과학으로 보는 관점

협상의 원리와 기술을 잘 배우고 훈련하면 협상력을 키울 수 있다고 생각하는 관점이다.

② 예술로 보는 관점

협상을 하는 사람들이 전체적인 안목을 가지고 다양한 전략을 사용한다는 점에서 협상을 종합 예술이라 생각하는 관점이다.

③ 게임으로 보는 관점

게임의 룰을 잘 지키듯 협상의 룰을 알고 지킬 때 제대로 된 협상이 이루어진다고 생각하는 관점이다.

1. 황금비 – 균형의 미(美)

고대 그리스에서는 가장 이상적인 비율을 '황금비'(黃金比) 또는 '황금분할'(黃金分割)이라고 불렀다. 황금비는 'sectio divina'라고 불렀으며, 신이 사람에게 선사해준 비율이라고 생각했다. 때로는 'sectio au-rea'라고 했는데, 그것은 사람이 가장 아름답게 생각하는 비율이었기 때문이다.

당시 그리스 사람들은 주어진 길이를 가장 이상적으로 둘로 나누는 것을 φ로 표현했다. 이것을 수학적으로 계산하고 입증한 사람이 바로 유클리드(Euclid)였다. 유클리드는 선분을 a와 b로 나눌 때, $(a+b)/a = a/b = \varphi$가 된다고 했다. 이 크기를 계산해 보면 가로 약 1.618 일 때 세로 1인 경우이며, 이것은 현재 우리가 많이 보는 TV브라운관이나 영화관의 스크린이 가로 세로 비례가 16:9, 15:9(5:3), 16:10(8:5)인 것과 무관하지 않다. 이 비례는 명함이나 신분증, 운전면허증, 신용카드 등 두루 쓰인다. 황금비야말로 사람들이 가장 균형 잡히고, 안정감 있다고 느끼는 비례이기 때문이다. 정말 신기하지 않은가!

우리가 날마다 사용하는 종이에서도 황금비를 찾을 수 있다. 프린터 용지로 많이 쓰는 A4 종이가 210×297mm이고, B5 종이가 182×257mm로 여기에도 황금비가 적용되는 것을 확인할 수 있다.

제지공장에서 종이를 만들 때, 일차적으로 만들어 놓은 종이를 A0으로 놓는다. 그리고 A방향으로 계속 반으로 잘라서 서로 크기가 다른 종이를 만들어낸다. 이를테면, 종이를 A방향으로 자를 경우, 짧은 변과 긴 변의 길이의 비는 대략 1:$\sqrt{\ }$가 된다. 이것은 1:1.414 정도의 닮음비 형태로 A1, A2, A3, A4, A5 등으로 계속적으로 자를 수 있다. 따라서 A4라는 말은 A방향으로 네 번이나 잘라낸 종이 크기다.

그렇다면 B5는? 바로 B방향으로 5번 잘라낸 종이 크기다. 이러한 까닭에 B5는 B4보다 크기가 절반이지만 비례가 같을 수 있다.

황금비에 대한 이론은 피타고라스(Pythagoras)에게서도 찾아볼 수 있다. 피타고라스와 제자들은 수(數)를 가장 논리적이고 질서적인 것으로 보았다. 그렇기에 세상 만물을 수로 나타낼 수 있으며 사람에게서 찾을 수 있는 아름다움조차 수로 표현할 수 있다고 주장했다. 도형으로는 별모양인 5각형이 황금분할이 내재되어 있다고 보았다. 5각형에서 한 변의 길이와 대각선의 길이가 황금비를 나타낸다고 생각해 이것을 자기들의 상징으로 삼기도 했다.

황금비가 실제로 적용된 것은 건축 분야이다. 대표적으로 고대 이집트의 피라미드를 들 수 있다. 피라미드는 장대한 규모와 고도의 수학적 계산으로 지어진 건축물로 인류역사를 통해 가장 매력적인 건축물이라고 할 수 있다. 피라미드를 살펴보면 정사각형의 토대 위에

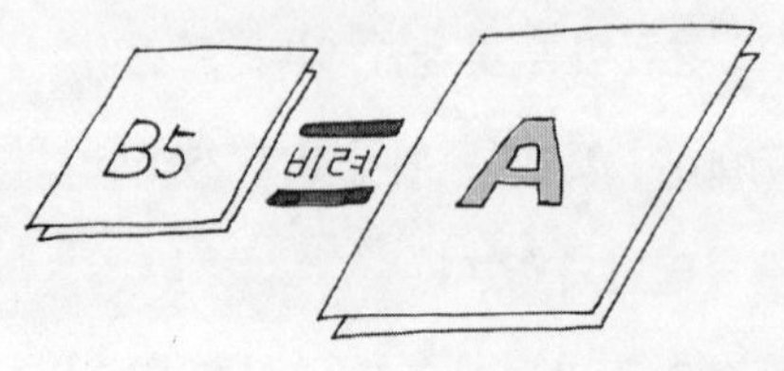

쌓아올린 삼각뿔의 형태로 밑변 한 변의 길이는 230.4m이고 높이는 146.6m다. 한 변의 길이를 1로 했을 때 다른 길이들의 값을 환산해보면 여기서도 유명한 황금비인 0.618034……가 어김없이 나타난다. 또한 높이 0.78615에 2×3.14를 곱하면 4.937002가 나오는데 이것은 피라미드의 둘레 값과 같다. (0.618034×8=4.944272) 수치상 약간 오차가 나오는 것은 π값을 3.14라고 정해두고 계산했기 때문이다. 보다 정밀한 π값을 적용하면 오차는 줄어든다고 볼 수 있다.

고대 그리스의 파르테논 신전의 기둥에서도 황금비를 찾아볼 수 있다. 재미있는 것은 황금비를 나타내는 Φ 기호가 바로 파르테논 신전을 건축한 조각가 피디아스(Phidias)의 이름에서 유래했다는 사실이다. 훗날 그리스의 수학자이자 천문학자인 에우독소스(Eudoxos)가 이것을 황금비(Golden Ratio)라고 명명했다.

르네상스 시대에는 다 빈치(Leonard da Vinci)가 황금비로 인체 구조를 파악하려는 시도를 했다. 다 빈치는 사람 뼈 구조의 정확한 비율을 알아내기 위해 시체를 몰래 해부하기도 했다. 이 사실은 다 빈치의 '비트루비우스의 인체 비례(Vitruvian Man or Proportionsof the Human Figure)'에 정돈된 모습으로 나와 있다.

다 빈치는 "자연이 낸 인체의 중심은 배꼽이다. 등을 대고 누워서 팔다리를 뻗은 다음 컴퍼스 중심을 배꼽에 맞추고 원을 돌리면 두 팔의 손가락 끝과 두 발의 발가락 끝이 원에 붙는다. 정사각형으로도 된다.

사람 키를 발바닥에서 정수리까지 잰 길이는 두 팔을 가로 벌린 너비와 같기 때문이다.”라고 했다.

실제로 다빈치는 사람의 손가락과 손바닥, 발바닥과 머리, 귀와 코의 크기 등을 숫자로 계산하면서 사람 몸을 기하학적 관점에서 측량했다. 그래서 머리끝부터 바닥까지 재고 그 길이를 배꼽에서 바닥까지 잰 길이로 나누거나, 어깨에서 손가락 끝까지 잰 뒤에 그 길이를 팔꿈치에서 손가락 끝까지 잰 길이로 나누면 황금비가 된다는 것을 증명하고자 했다.

이것은 현대에 와서 르 꼬르뷔지에(Le Corbusier)에 의해서 이상적인 인체 비율로 다시 등장하게 되었다. 즉 상반신과 하반신의 비율뿐만 아니라 상반신에서 머리와 몸통의 비도 황금비가 되어야 아름답다는 것이다.

인체의 황금비는 오늘날 성형외과에서도 찾아볼 수 있다. 사람들이 선호하는 얼굴 모양, 즉 미간의 넓이, 입술의 길이, 심지어 치아의 모습까지 사람들이 아름답다고 여기는 비율은 전부 황금비와 연관이 있다.

인류는 최초로 황금비의 기하세계를 접한 이래 황금비를 둘러싼 웅장한 철학적, 미학적 그리고 과학적 탐구를 해왔다. 고대 이집트, 인도, 중국, 이슬람 및 그 밖의 다른 문명권의 신성한 예술에서 모두 황금비가 발견된다.

또한 황금비는 그리스의 미술과 건축물들을 지배했으며 중세 고딕양식의 건축물에 감추어져 있다가 르네상스 시대에 다시 세상에 나타나 찬란한 예술의 꽃을 피웠다. 그리고 오늘날까지 다양한 부분에서 폭넓게 적용되고 있다.

특히 고대인들은 황금비를 신이 정해놓은 비율 즉, 신비(神比)라고 부르며 우주만물의 근원인 유일자가 가장 처음 만들어낸 것이고 통일성 안에 내재하는 것 중에 창조성을 가진 유일한 것으로 믿었다. 그렇기에 황금비를 우주의 비밀을 풀 수 있는 열쇠로 보았으며, 비례로 구성된 우주 전체는 이 황금비에서 나와 다시 황금비로 돌아간다고 생각했다.

즉 황금비는 기하학적 관계에서 도출된 영원불변하는 비례이자 가장 이상적이고 아름다운 균형의 미학이라고 할 수 있다.

2. 중용 - 균형의 덕(德)

기본적인 동양고전이라고 불리는 『사서삼경』(四書三經)에는 『중용』(中庸)이라는 책이 들어 있다. 『중용』은 본래 기원전 130년경에 발간되었다고 알려진 『예기』(禮記)의 49편 가운데 일부인 31편을 말한다. 『사기』(史記)에 의하면 『중용』은 공자의 손자인 자사가 공자의 덕과 철학을 알리기 위해서 지었다고 한다.

현대에는 『중용』이 전국시대에 편찬된 것으로 맹자의 사상도 포함하고 있다고 보기도 하는데, 대체로 『중용』은 유학에서 말하는 하늘과 사람에 대한 이해를 가장 잘 드러내주는 저서라고 할 수 있다. 『중용』의 첫 장은 이렇게 시작된다.

> 天命之謂性(천명지위성)이오, 率性之謂道(솔성지위도)요, 修道之謂敎(수도지위교)니라.

: 하늘이 명한 것을 성(性)이라 하고, 성을 따르는 것을 도(道)라 하며, 도를 닦는 것을 교(敎)라고 한다.

일찍이 공자는 『논어』(論語) 술이 편에서 "하늘이 나에게 덕을 주셨다."라고 했으며, 맹자는 『맹자』(孟子) 진심 上편에서 "인간의 성을 알면, 천을 알 수 있다."라고 말해 하늘과 인간이 의사소통할 수 있는 것에 대해서 말해준다.

『중용』 역시 바로 하늘이 말하는 도리와 사람이 필요한 도를 일치시키거나, 지향점을 찾는 안내서라고 할 수 있다. 참된 도리인 도덕을 그 중심에 두고 하늘과 인간을 하나로 묶어 나가는 방식으로 서술해 『중용』의 가르침을 제대로 이해하기 위해서는 먼저 세 가지 기본적인 관점의 이해가 필요하다.

첫째는 중화론(中和論)이다.

중화(中和)는 하늘을 하늘이게끔 하는 본질적인 속성이고, 하늘이 활동할 수 있게 만드는 근거가 된다. 중(中)은 하늘의 공정성을 나타내며, 화(和)는 하늘의 조화로운 질서를 의미한다. 따라서 천명(天命)이 온전히 재현되는 단계를 중화라고 볼 수 있다. 중화는 박후(博厚), 고명(博厚), 유구(悠久) 등과 관세 시어 그 성격을 실명할 수 있다. 박후는 땅과 관련되어 만물을 두루 심는 생육의 원리가 된다. 고명은 대상적 하늘에 대한 구성상의 특징을 말하는 것으로, 높고 투명하게 빛나는 하늘의 높음과 밝음을 관념적으로 설명한 것이다. 유구는 하늘과 땅을 계속적으로 연결해주는 원리로 영원히 지속적으로 만물이 생성되고 구현되는 힘이라고 볼 수 있다.

따라서 『중용』에서 중화란 하늘이 중립적 심성을 가지고 나타나는 적절성과 합당성을 보여주는 것이라고 말할 수 있다.

둘째는 중용론(中庸論)이다.

중용(中庸)은 하늘이 일관된 구도를 통해서 인간의 성품이 도덕적으로 완성된 상태를 일컫는다. 『중용』에서는 사람을 본래적으로 도덕성을 가진 존재로 보고 사람이 지녀야 하는 중용을 이루지 못하는 상태를 지나침(過)과 모자람(不及)으로 설명한다. 그래서 인간은 천도(天道)를 이루려는 마음(誠)을 가지는 사람, 즉 성인(聖人)이 되어야 하며, 이를 위해서 지행(知行)이 중요한 덕목이 되며, 성실이 가장 중요한 가치가 된다. 『중용』에서는 이것을 수양해야 한다고 강조한다. 특히 성(誠)은 자연의 본상이며 사람과 만물이 본래 갖추고 있는 품성의 실제적 성질을 의미한다. 이것을 중심으로 중용은 하늘과 사람을 하나로 연결한다.

이때 가장 중요한 것은 심성이 어느 한쪽에 치우치지 않고 균형을 이루어야 한다는 점이다. 어느 한쪽으로 치우쳐 있으면 하늘의 본성을 잊어버리기 때문이다. 따라서 인간의 심성이 어디에도 치우치지 않고 성으로 충만한 상태, 과불급 없이 균형 잡힌 마음으로 행하는 상태가 바로 중용으로 이해하는 것이다.

셋째는 천명론(天命論)이다.

하늘의 본질과 도덕성과 그 실천은 성과 연결되어 있다. 여기서 하늘과 인간의 합일(合一)이 가능하다. 천지자연의 본질을 지성으로 보고 성을 통해서 하나가 되는 자리를 우리는 천인합일(天人合一)의 경지라고 말한다. 이것은 우주 자연과 인간과 만물이 모두 하나의 성(誠)을 공유하는 것을 의미한다. 이러한 경지에 들어가야 하는 것이 바로 천명(天命)이다. 천명을 따르는 적임자가 천자(天子)이며, 천자가 천명을 제대로 수행하지 못할 때 천명을 부여 받은 또 다른 이가 천자가 되는 것을 역성혁명(易姓革命)이라고 생각했다.

『중용』에서는 천명을 구현한 순 임금을 예로 들어 설명하고 있다. 순 임금은 백성을 다스릴 때에 나쁜 점은 감싸주고 좋은 점은 드러내어 격려했으며, 서로 극단적인 의견대립이 있을 경우에는 양쪽의 의견을 존중하여 공통분모를 가지고 의견을 조정하는 등 중용에 입각한 정치를 했다. 결국 중용이란 하늘의 도가 전이된 인간의 도덕적인 존재의 상태가 지향하는 현상이라고 말할 수 있다.

그렇다면 중용은 무엇을 의미하는가? 중용은 가운데라고 할 수 있지만 절반이라고 볼 수 없다. 수직선을 절반으로 나누어 양쪽에서 동시에 출발해서 도달할 수 있는 거리를 중용이라고 하지 않는다. 또한 처음 출발한 위치와 도달한 위치를 둘로 나눈 평균을 중용이라고 하지 않는다. 중용이란 산술적인 개념이 아니라 공평무사한 삶을 사는 군자가 언제 어디서나 가장 타당하게 행동하는 상태를 의미한다. 다시 말해, 공정한 마음의 자세로 하늘이 내려준 본성을 유지하면서 사는 것을 중용이라고 할 수 있다.

공자는 "사람이 70세가 되면 마음이 가는 대로 행동해도 법도에 어긋나지 않는다."(七十而從心所欲 不踰矩) 라고 했다.

사람은 본래 욕심 없이 순수하고 깨끗한 마음을 가지고 태어난다. 그러나 주변의 대상 및 사물과 관계를 맺으면서 차츰 욕심이 싹을 틔우고, 심지어 잘못을 저지르게 된다. 성선설(性善說)에서는 이것을 예방하고 정화시켜 주는 것, 즉 느슨하게 풀어지거나 삐뚤어진 마음을 바로 잡는 것을 교육이라고 보았다.

또한 중용이란 욕망으로 인해 어느 쪽으로 기울어진 상태가 아니라 올바르고 순수한 마음 상태를 말한다. 중용은 하늘이 준 깨끗한 마음을 그대로 유지할 뿐만 아니라 극단적인 마음 상태를 경계한다. 부드러움과 뻣뻣함의 사이, 다스림과 공경함의 사이, 강함과 약함의 사이 등에서 균형과 조화를 이루는 일이 바로 중용이다.

중용은 군자가 걸어가는 도(道)다. 동시에 우리 일상 생활에서도 가능한 일이다. 어떤 상황에도 맞서지 않고 적합하게 행동하는 것, 즉 새는 하늘을 날아야 하고 물고기는 물속에서 헤엄쳐야 하듯 각자가 타고난 본성에 맞게 생을 살아나가는 것이 곧 중용이라 할 수 있다.

또한 중용은 자기에게 성실하고 타인을 배려하는 행동이다. 공자가 말하는 인(仁)이란 사람 관계에서 중용을 실현하는 행동으로 사람이 사람의 도리를 힘써 행하는 것을 뜻한다. 이것을 충서(忠恕)라고 한다. 이처럼 일상생활에서 자기에게 충실하고 타인을 배려하며 균형과 조화를 이루는 것이 중용이다.

『중용』13장에서 논한 '군자'란?

子曰(자왈) 道不遠人(도불원인)하니 人之爲道而遠人(인지위도이원인)이면 不可以爲道(불가이위도)니라.

: 도(道)는 사람에게서 멀지 아니하니, 사람이 도를 행하되 사람과 멀리 한다면 도라 할 수 없다.

忠恕(충서)는 違道不遠(위도불원)하니 施諸己而不願(시제기이불원)을 亦勿施於人(역물시어인)이니라.

: 충(忠)과 서(恕)는 도(道)에서 멀지 않으니 나에게 베풀어지기를 원하지 않는 것을 또한 남에게 베풀지 말아야 한다.

君子之道四(군자지도사)에 丘未能一焉(구미능일언)이로니 所求乎子(소구호자)로 以事父(이사부)를 未能也(미능야)하며 所求乎臣(소구호신)으로 以事君(이사군)을 未能也(미능야)하며 所求乎弟(소구호제)로 以事兄(이사형)을 未能也(미능야)하며 所求乎朋友(소구호붕우)로 先施之(선시지)를 未能也(미능야)로니 庸德之行(용덕지행)하며 庸言之謹(용언지근)하여 有所不足(유소불족)이어든 不敢不勉(불감불면)하며 有餘(유여)어든 不敢盡(불감진)하여 言顧行(언고행)하며 行顧言(행고언)이니 君子(군자) 胡不慥慥爾(호불조조이)리오.

: 군자의 도가 네 가지인데 나는 그 가운데 한 가지도 능하지 못하니, 자식에게 바라는 것으로 부모 섬김을 능히 하지 못하며, 신하에게 바라는 것으로 군주 섬김을 능히 하지 못하며, 아우에게 바라는 것으로 형을 섬김을 능히 하지 못하며, 친구에게 바라는 것으로 내가 먼저 베풂을 능히 하지 못한다. 떳떳한 덕을 행하며, 떳떳한 말을 삼가며, 행동에 부족한 바가 있으면 감히 힘쓰지 아니하지 못하며, 남음이 있거든 감히 다하지 못하여 말은 행실을 돌아보며, 행실은 말을 돌아볼지니 군자가 어찌 독실하고 독실하지 아니하리오.

균형의 의미

지금까지 서양의 황금비와 동양의 중용사상을 통해 균형의 역사를 살펴보았다. 이를 바탕으로 균형의 의미를 오늘날에 맞게 되새겨보고자 한다.

자칫 균형이란 수동적인 중립의 위치로 생각하기 쉽다. 또는 이도 아니고 저도 아니라는 양비론의 입장으로 오해할 수 있다. 흑백논리에 익숙한 사람들은 양쪽의 장점을 절반씩 잘라내어 합친 의견이거나 양쪽을 합쳐 절반으로 나눈 산술적인 중간을 균형이라고 말할 수도 있다.

그러나 균형이란 무 자르듯이 반듯한 정 가운데가 아니다. 양쪽이 서로 타협하고 상대에게 양보하면서 더 큰 시너지 효과를 내는 것을 의미한다.

일반적으로 균형의 사전적 의미는 어느 한쪽으로 기울어지거나 치우치지 않고 고른 상태를 말한다. 이것은 마치 경기에서 심판의 이미지와 겹쳐져 우리에게 인식된다. 영어로는 밸런스(Balance)나 이퀄리브리엄(Equilibrium)으로 말하는데, 이는 평균이나 균형을 의미한다. 여기서는 몇 가지 예를 통해 균형의 의미를 탐색하고자 한다. 이 탐색을 통해 균형을 조화나 질서라는 말로 더욱 가깝게 느낄 수 있을 것이다.

1. 핸디캡 – 이게 공평한가?

우리 주변 놀이터에서 쉽게 볼 수 있는 시소(seesaw)를 생각해 보자. 두 사람이 시소 양쪽에 나란히 앉았을 때, 균형을 이루려면 어떻게 해야 할까? 두 사람이 서로 몸무게가 같거나 아니면 몸무게에 따라 두 사람이 앉는 자리가 달라야 할 것이다. 몸무게가 가벼운 사람은 시소 중심에서 멀리 떨어진 자리에, 몸무게가 무거운 사람은 시소 중심에서 가까운 자리에 앉아야 비로소 양쪽이 균형을 이룰 수 있다.

또한 서로 편을 갈라서 놀이를 할 경우를 생각해 보자. 보통 게임에 참가하려는 사람들을 반으로 나누고 서로 가위 바위 보를 해서 이긴 팀과 진 팀으로 나누어 경기를 한다. 혹은 실력차이가 나는 경우, 주장으로 뽑힌 사람이 트레이드나 순차적인 선택권으로 팀원을 뽑기도 한다.

그런데 이때 전체 사람 숫자가 홀수라면 어떻게 해야 할까? 바로 각두기라고 해서 남은 한 사람을 상대적으로 전력이 약한 팀에 넣어 균형을 이룬다.

바둑의 경우에는 기력의 연마와 시간에 따라 실력차이가 많이 날 수 있다. 일대일로 시합할 때 상수는 하수와 동등하게 두기 위해 어느 정도 핸디캡을 감수해서 통상 접바둑이라는 형태로 상대한다.

이번에는 골프를 생각해 보자. 프로들이 하는 경기라면 서로 대등한 실력을 겨루다 조금 더 잘 치는 사람이 우승한다. 그러나 아마추어끼리 시합을 할 경우에는 어떨까? 프로가 아닌 이상 골프를 하는 사람들은 서로 실력차이가 어느 정도 날 것이다. 그냥 시합만 한다면 모를까, 점심이나 저녁식사 등을 걸고 내기골프를 한다면 졌을 때 지불하는 금액을 생각해서라도 실력에 따라 타수를 조정하고 쳐야 한다. 그래야 동등한 시합을 할 수 있고, 결과에 대해 이의를 제기하지 않을 수 있다.

경마의 경우도 마찬가지다. 경마에서 자주 우승하는 말은 다음에도 우승할 확률이 높다. 물론 기수에 따라서 경마에서 승패가 갈라지기도 하지만, 기수보다 경주마의 실력과 그날 상태가 승패에 가장 크게 영향을 미치기 때문이다. 따라서 경마를 하는 사람들은 우승확률이 높은 말의 마권을 많이 사고, 상대적으로 우승확률이 낮은 말의 마권을 적게 산다.

이때 확률이 높은 말과 낮은 말이 똑같은 배당금이라면 경마가 제대로 이루어지겠는가? 어차피 같은 배당금이라면 모든 사람이 확률이 높은 말의 마권을 사서 조금이라도 이득을 취하려고 할 것이다. 그렇기 때문에 마사회에서는 보다 경마를 공평하게 즐길 수 있도록 우승확률이 적은 말에게 배당금을 많이 주고, 우승확률이 높은 말에게 배당금을 적게 주어 사람들이 확률과 배당금 사이에서 선택할 수 있는 폭을 넓혀 준다. 또한 우승확률이 높은 말에게 납을 주어 부담 중량을 늘리고, 각 경주마의 우승확률이 지나치게 차이가 나지 않도록 조정한다.

　이처럼 우리는 운동경기나 내기 등에서 경기자의 기량 차이에 따라 점수, 횟수, 거리, 중량 등 조건을 조정한다. 서로가 정당하고 동등하게 게임의 묘미를 즐길 수 있도록 조정하는 페어플레이야말로 균형의 단면을 잘 보여주는 사례라 할 수 있다.

　다음은 조선시대 청백리로 유명한 황희 정승의 일화다.

　이것은 황희 정승의 재치가 잘 드러나는 일화인 동시에 모순된 말로 논리적으로 이해하기 힘든 일화이기도 하다. 우리가 여기서 주목해야 할 점은 과연 누가 옳고 그른지를 따져 가리는 게 아니다. 황희 정승은 시시비비(是是非非)를 떠나 다투는 사람들 사이에서 중립을 지키며 갈등을 해소하는 통합적인 해결을 보았다. 싸움을 원만하게 해결하는 황희 정승의 균형감각이야말로 우리가 진정 배워야 할 부분이다.

2. 역지사지(易地思之) — 내 생각도 해주지!

사실 옳고 그르거나 좋고 나쁜 문제는 개인마다, 혹은 이해관계에 따라 달라질 수 있다.

고대 중국의 대표적인 초기 문학작품 가운데 굴원이 지은 『어부사』가 있다. 굴원은 중국 초나라 사람인데 모함을 받아 관직에서 쫓겨난 뒤 상강이라는 강가를 거닐다 한 어부를 만났다. 이때 어부와 문답식으로 이야기를 나누며 지은 작품이 『어부사』다.

굴원은 어부에게 자신만이 맑고 깨끗한 사람이며, 그렇기에 더러움에 몸담을 수 없다고 말했다. 그러자 어부는 웃으면서 창랑의 물결이 맑을 때라면 내 갓끈을 씻을 수 있고, 창랑의 물결이 흐릴 때라면 내 발을 씻을 수 있다고 말하며 사라졌다.

여기서 어부가 한 말은 사람들이 가지고 있는 이해관계가 사물에 대한 인식에서 어떻게 작용하는지 잘 보여준다. 다시 말해, 갓끈을 씻을 때와 발을 씻을 때에 따라 물이 깨끗하고 더러운지 다르게 인식된다는 것이다. 발을 씻을 때는 깨끗하게 느껴지던 물이 갓끈을 씻을 때는 더럽게 느껴질 수도 있는 말이다.

굴원은 물 자체가 깨끗하고 더럽다고 생각하여 애초에 깨끗한 물과 더러운 물로 나뉜다고 생각했다. 그러나 이 말을 들은 어부는 사람들의 이해관계에 따라 물이 깨끗할 수도 더러울 수도 있다고 이야기했던 것이다.

맹자는 『맹자』에서 "하우와 후직과 안회는 같은 뜻을 가졌는데, 하우는 물에 빠진 백성이 있으면 자신이 치수(治水)를 잘못해 그들을 빠지게 했다고 여겼으며, 후직은 굶주리는 사람이 있으면 스스로 일을 잘못해 백성을 굶주리게 했다고 생각했다. 하우와 후직과 안회는 처지를 바꾸어도 모두 그렇게 했을 것이다."(禹稷顔子易地則皆然) 라고 말했다.

하우와 후직은 중국의 전설적인 성인이다. 공자가 이들을 매우 훌륭하게 생각했다. 안회는 어지러운 세상에 누추한 골목에서 물 한 바가지와 밥 한 그릇으로만 살았다. 공자는 가난한 생활을 이겨내고 도를 추구한 안회를 몹시 칭찬했다. 맹자는 이 세 사람의 이야기를 들어 사람이 가야 할 길을 말했다. 즉 서로 입장을 바꾸어 다른 사람의 처지에서 생각해 보라는 뜻이다.

이처럼 입장을 바꾸어 상대편의 처지에서 생각하는 태도를 역지사지(易地思之)라고 한다. 물론 인식론적 차원에서 역지사지의 타당성을 따져보면, 두 가지 문제가 생길 수 있다.

첫째는 자신을 가장 잘 아는 사람은 자기 자신인데, 다른 사람이 어떻게 자신을 이해할 수 있느냐다. 둘째는 나(인식의 주체)와 다른 사람(인식의 대상)이 구별되는데 어떻게 나와 다른 사람이 합쳐질 수 있느냐다.

그러나 생각해 보자. 사람은 사회적인 존재로 나만 있는 것이 아니라 나와 다른 사람이 함께한 사회를 이루며 살아간다. 사회적 기반과 문화를 공유하며 나와 다른 사람을 인정하며 살아갈 수밖에 없다. 다른 사람을 인정하지 않고서는 현대사회에서 살아갈 수 없으며, 원하든 원하지 않든 일정 부분을 다른 사람에게 노출하며 삶을 공유하게 된다. 그렇기에 나와 다른 사람이 엄밀히 구별되는 개체로서 합쳐질 수 없다고 해도, 어느 정도 헤아리고 이해할 수 있는 여지조차 없는 것은 아니다.

또한 우리는 자기 자신만으로는 인식의 대상을 직접 인식할 수 없는 때도 있다. 예를 들어 눈이 자기 눈을 직접 볼 수 없고, 도끼가 자기 도끼자루를 직접 찍을 수 없는 것과 같다. 따라서 우리가 인식의 대상을 제대로 인식하려면 때로는 자신이 아닌 자기 밖에 있는 존재를 통해 인식해야 한다.

역지사지가 적용된 좋은 예가 바로 역할극(role play)이다.

예를 들어, 오랜 기간에 걸쳐 갈등이 심화된 가족을 생각해 보자. 빈번하게 정신적인 문제를 겪어온 가족일 경우 갈등을 해소하는 치료법으로 역할극을 시도한다. 특히 가족 구성원 사이의 관계가 상대를 돌보고 보살피는 것이 아니라 권위적이고 억압적으로 작용할 때 역할극은 매우 중요한 일차적 해결방법이 될 수 있다. 각자 자기에게 주어진 역할을 바꾸어 수행하면서 상대방의 입장을 차츰 이해하게 되고, 나아가 갈등을 해소하는 발판을 마련할 수 있기 때문이다.

그러나 균형의 의미에서 볼 때 역지사지가 잘못 이해되는 경우도 있다.

대표적으로 탈리오의 법칙(lex talionis)처럼 이해하는 것이다. 탈리오의 법칙이란 고대 함무라비 법전에서 유래했으며 '눈에는 눈, 이에는 이, 생명에는 생명'이라고 표현된다. 흔히 동태복수법(同態復讐法) 또는 동해보복법(同害報復法)이라고도 한다.

이것은 가해자에게 피해자가 입은 피해만큼 똑같이 돌려줘야 공정하다는 논리로, 정당한 복수와 보복을 인정한다. 물론 해악을 일으킨 사람을 공권력이 법률에 따라 처벌하고, 사건의 경위와 정도에 따라 처벌기준을 강화해서 사회악을 줄여야 한다.

그러나 "내가 이렇게 당했으니 너도 이렇게 당해야 공정하다."라는 개념은 역지사지가 될 수 없다. 역지사지란 강제적으로 상대방에게 내 입장을 알리는 것이 아니라 내가 먼저 상대방의 입장을 헤아리는 것이다. 다시 말해 "남에게 대접받고 싶은 대로 너도 남에게 대접하라!"(Do to others as you would be done by, 己所不欲 勿施於人) 라는 황금률이다. 역지사지는 이 황금률의 사고를 바탕으로 한다.

조선시대 유명한 풍류객으로 임제라는 선비가 있었다. 임제가 평양감사로 부임할 때였다. 임제는 사대부였지만 평양에서 내로라하는 기생인 황진이를 만나고 싶어 했다. 그러나 황진이는 임제가 평양감사로 부임하기 석 달 전에 죽었다. 임제는 황진이의 무덤을 찾아가 제사를 지내고 시를 읊어 황진이의 넋을 기렸다고 한다.

연암 박지원이 남긴 글을 보면 임제에 대한 재미있는 일화가 있다.

하루는 임제가 평소처럼 잔칫집에 갔다가 술이 거나하게 취했다. 임제가 집에 돌아가려고 잔칫집에서 나와 말을 타려는데, 하인이 임제를 보고 말했다.

"나리! 신발을 잘못 신으셨습니다. 왼발에 가죽신을, 오른발에 나막신을 신으셨습니다."

그러자 임제가 이렇게 대답했다.

"이놈아! 길 왼편에 있는 사람은 내가 가죽신을 신은 줄로 알 테고, 길 오른편에 있는 자는 내가 나막신을 신은 줄 알 테니 무슨 상관이냐? 자, 어서 가자!"

임제의 이야기는 얼핏 궤변이나 우스갯소리처럼 들릴 수도 있다. 그러나 연암 박지원은 이 이야기를 통해 사람은 저마다 보고 싶은 대로 본다는 것을 이야기하고 있다. 다시 말해 사람은 보통 자기 기준만을 가지고 판단하는 데 익숙해져 있다는 이야기다.

임제가 짝짝이 신발을 신은 사실은 말의 정면에서 보아야만 알 수 있다. 왼쪽에서 보면 가죽신을 신고 있으니 으레 오른쪽도 가죽신을 신고 있으리라고 생각한다. 반대로 오른쪽에서 보면 나막신을 신고 있으니 당연히 왼쪽도 나막신을 신고 있으리라고 생각한다. 즉 사물을 제대로 인식하려면 어느 한쪽이 아니라 이쪽저쪽을 다 보아야 한다는 이야기다.

우리가 사용하는 동전을 보자. 동전은 서로 다른 두면으로 이루어져 있다. 앞면만 보면 뒷면을 볼 수 없고 반대로 뒤집어도 마찬가지다. 앞면과 뒷면을 두루 보아야 비로소 동전을 제대로 보았다고 할 수 있다. 이처럼 동전의 양면을 모두 볼 수 있는 관점이 바로 역지사지의 균형감각을 지닌 바른 태도다.

3. 최선의 선택 – 이보다 더 좋을 수는 없다!

협상을 이야기할 때마다 등장하는 단골 메뉴가 있다. 바로 '피자 나누기'다. 피자 나누기는 한 형제가 어머니가 사온 피자를 공평하게 나누어 먹게 하는 방법을 말한다.

형제 사이에는 나이 차이가 있기 때문에 불평등이 작용할 수 있다.

나이가 많은 형이 자기에게는 유리하나 동생에게는 불리한 선택을 강요할 수 있기 때문이다. 그러다보면 자칫 피자 때문에 형제 사이에 갈등과 다툼이 생길 수 있다. 이 피자 나누기의 논점은 어떻게 하면 피자를 공평하게 나눠, 갈등과 다툼을 피할 수 있느냐다.

가장 먼저 모범답안으로는 기회의 선택을 통해 해결하는 방법이다. 피자를 자르는 사람은 피자를 자르는 동안 피자 조각을 먼저 집을 수 없다. 따라서 피자를 자르는 사람은 상대가 큰 피자 조각을 집지 못하게 하려고 최대한 똑같이 나누고자 할 것이다.

두 번째는 타협과 양보를 통해 의견을 조율하는 방법이다. 서로 입맛과 식사량에 따라 더 좋아하는 부분과 먹을 수 있는 양이 다를 것이다. 그에 맞게 서로 원하는 부분을 맞추고, 부족한 부분을 채울 수 있도록 조율한다면 갈등이나 다툼이 빚어지지 않을 것이다.

세 번째는 협상의 범위를 넓히는 방법이다. 피자라는 단일 품목은 다양한 선택을 제한한다. 형제 가운데 피자를 그리 좋아하지 않는 아이가 있다면 피자를 사왔을 때부터 불만족스러울 것이다. 그럴 때 어머니가 다른 품목을 더 주문한다면 선택의 폭이 넓어진다. 예를 들어, 아이가 치킨을 좋아한다면 치킨 한 마리를 더 시킨다. 그러면 피자를 좋아하는 아이는 피자를 양껏 먹을 수 있어 좋고, 치킨을 좋아하는 아이는 치킨을 실컷 먹을 수 있어 좋을 것이다.

이 세 가지 방법을 통해 우리는 한 가지 중요한 사실을 발견할 수 있다. 바로 선택의 균등성이다. 선택의 균등성이란 상황에 따라 해결하는 방법이 달라도, 기본적으로 선택의 문제에서 자유와 평등이 내재되어야 하며 강제성과 차별성이 있으면 안 된다는 것이다.

우리가 어떤 문제나 아이템을 가지고 상대방과 협상을 한다고 가정해 보자. 어떤 협상을 하든지 나만 크게 만족하는 결과가 나올 수 없다. 그렇다고 그 협상이 실패했다고 말할 수는 없다. 왜냐하면 협상이란 나 혼자 결정하고 끝낼 수 있는 것이 아니기 때문이다. 내 주장과 조건을 상대가 납득하고 수용할 수 있어야 하고, 반대로 나도 상대방의 주장과 조건을 수긍하고 받아들일 수 있어야 비로소 협상이 끝날 수 있다. 따라서 나와 상대방이 서로 인정하고 합의할 수 있는 범위 안에서 최선을 선택할 수 있다면 그 협상은 성공한 협상이라 평가할 수 있다. 이것이 바로 균형이다. 즉 균형이란 주어진 선택 가운데 최선을 선택해서 서로가 가장 동등하게 만족할 수 있도록 조율하는 것이다.

1843년 덴마크의 철학자 키엘 케고르는 『이것이냐 저것이냐』를 통해서 실존철학의 새장을 열었다. 물론 키엘케고르가 이것이냐 저것이냐 자문할 때에 스스로 지향하는 점이 있기는 하다. 그러나 우리는 키엘케고르의 질문을 받을 때 선택의 기로에 서게 되며, 갈등구조로 인식하기에 잠재적으로 불안을 품게 된다.

우리는 살면서 어떤 선택을 강요받거나 반드시 어느 한쪽을 선택할 수밖에 없을 때가 있다. 미국의 유명한 시인 로버트 프로스트(Robert Forst)는 자신의 시 〈가지 않은 길〉에서 이렇게 노래했다.

훗날에 훗날에 나는 어디선가 한숨을 쉬며 이야기할 것입니다.

숲 속에 두 갈래 길이 있었다고.

나는 사람이 적게 간 길을 택했다고.

그리고 그것 때문에 모든 것이 달라졌다고.

이 시처럼 우리는 살면서 어느 하나를 선택하고 다른 하나를 포기하게 될 때가 있고, 때로는 자신이 한 선택을 후회하고 아쉬워하기도 한다. 그러나 우리 인생에서 언제나 극단적인 선택만이 답이 될 수는 없다.

우리가 불가피하게 선택을 해야 하는 순간에는 양자택일의 갈등상황에서 선택이 아니라, 돌 하나로 두 마리 새를 잡을 수 있는 상황을 노려 선택해야 한다.

좋은 예로, 진나라 혜문 왕 때 중신 사마조는 중원으로 나아가기를 희망하는 왕에게 이렇게 진언했다. "지금 진나라는 국토가 좁고 백성들은 가난합니다. 이 두 가지 문제를 동시에 해결하려면 먼저 강한 우리 진나라 군사로 촉(蜀)나라를 공격해야 합니다. 촉나라 땅을 빼앗으면 진나라는 국토가 넓어지고, 백성들은 잘살게 될 테니 한 가지 일로써 두 가지 이익을 얻는 것이지요."이에 혜문 왕은 사마조의 말대로 촉나라를 공격하여 국토를 넓혔다. 이럴 때 쓰이는 말이 바로 일거양득(一擧兩得)이다.

일거양득에 대한 재미있는 이야기는 『춘추후어』(春秋後語)에서도 나온다.

어느 날 변장자가 여관에서 하룻밤 묵는데 밤중에 호랑이가 나타났다는 말이 들렸다. 이 말을 듣고 변장자가 호랑이를 잡으러 나가려고 하자 여관에서 일하는 아이가 변장자를 말렸다.

"지금 호랑이가 두 마리 나타나서 서로 소를 차지하려고 싸우고 있습니다. 좀 있으면 한 마리는 죽고 한 마리는 상처를 입겠지요. 그때 가서 호랑이를 잡으십시오."

변장자는 아이의 말대로 잠시 기다렸다가 힘들이지 않고 한꺼번에 호랑이 두 마리를 잡았다. 일거양득이라는 말이 쓰인 것은 바로 이때부터라고 한다.

선택을 할 때는 어느 한쪽을 선택해서 다른 한쪽을 포기하거나 잃는 형태가 되어서는 안 된다. 한쪽을 선택할 때 다른 한쪽에서도 유익(有益)을 이끌어낼 수 있는 바로 그런 선택이 가장 이상적인 선택이다.

우리말에 '누이 좋고 매부 좋고'라는 말이 있다. 한자어로 '양전기미'(兩全其美)라고 하는데, 어떤 일에서 서로 두루두루 다양하게 이롭고 좋다는 뜻이다. 이처럼 모두에게 좋은 결과를 원만하게 이끌어내는 것이 바로 협상에서 궁극적으로 추구하고자 하는 지향점이다. 균형을 최선의 선택이라고 할 때에는 이러한 의미들이 바탕에 깔려 있다고 보아야 한다.

협상의 기회

① 기회의 선택을 통해 해결한다.
② 타협과 양보를 통해 의견을 조율한다.
③ 협상의 범위를 키워 선택의 폭을 넓힌다.

균형 속의 협상 찾기 I

협상의 포인트는 균형을 잘 잡는 데 있다. 여기서 고개를 끄덕인다면 우리는 산 정상에 있는 '만족할 만한 협상'
이라는 달콤한 열매를 향해 절반쯤 올라간 셈이다. 지금부터 살펴볼 두뇌, 심신, 가치, 시간의 균형을 잘 잡는
방법을 앎으로써 우리는 나머지 절반을 올라가야 한다. 자, 올라갈 준비가 되었는가?

지금부터 우리는 두뇌의 균형을 잡는 방법을 살펴볼 것이다. 두뇌의 균형 잡기를 잘 알아둔다면 협상의 포인트를 향해 또 한보 전진하는 셈이다. 그런데 대관절 두뇌가 무엇이기에 균형과 관계가 있을까? 우리는 먼저 두뇌가 무엇인지를 살펴볼 필요가 있다.

1. 인간과 동물의 다른 점

인간이 동물과 다른 점으로는 여러 가지가 있겠지만, 그 가운데서 중요한 하나가 인간은 고도로 발달된 뇌를 가지고 있다는 것이다. 그리고 다른 동물들과는 다르게 인간의 뇌는 몸에서 차지하는 용량과 크기의 비율도 높다. 이 뇌 덕분에 많은 부분이 동물과 달라진다. 그래서 인간을 '생각하는 동물'이라고 부르기도 하는 것이다.

프랑스의 철학자 파스칼(Blaise Pascal)은 그의 명상록『팡세』에서 다음과 같이 말했다.

인간은 한 개의 갈대에 지나지 않는다. 자연 중에서 가장 약한 갈대이다. 그러나 인간은 생각하는 갈대이다. 그를 부수기 위해서는 온 우주가 무장하지 않아도 된다. 한 줄기의 증기, 한 방울의 물을 가지고도 그를 충분히 죽일 수 있다. 그러나 우주가 쉽게 그를 부술 수 있다고 해도 인간은 자기를 죽이는 자보다 존귀할 것이다. 인간은 자기가 반드시 죽어야 한다는 사실과 우주가 자기보다 힘이 세다는 사실을 알고 있지만 우주는 그것을 전혀 모르고 있는 것이다. 그러므로 우리의 모든 존엄성은 사고에 있다.

이런 사고가 가능하게 하는 인간의 뇌는 대체 어떤 구조를 가지고 있기에 동물과 다르다고 말하는 것인가?

2. 인간에게 가장 중요한 뇌

가장 먼저 우리 뇌의 구조를 살펴보자. 뇌는 정보의 기억·추리·판단과 감정·의지 등 정신활동을 담당하는 대뇌, 체온을 조절하고 물질의 대사에 관여하는 간뇌, 눈동자의 움직임과 홍채의 수축작용을 조절하는 중뇌, 온몸의 근육운동과 몸의 균형을 유지하는 소뇌, 심장박동과 피의 순환을 조절하고 소화기능을 조절하며 반사운동의 중추가 되는 연수로 구분된다.

어느 것 하나 빼놓을 수 없을 만큼 중요하지만 이중에서도 특히 대뇌는 사고의 근간이 되는 인지, 감정, 기억, 학습 등을 전담한다. 즉 두뇌라고 하면 대개 대뇌에서 비롯된 사고관장 능력이다.

여성과 남성의 차이는 뇌 때문이다?

뇌는 구조적으로 형태와 크기가 거의 같은 두 개의 반구가 연결고리인 뇌량을 사이에 두고 좌뇌와 우뇌로 나눠져 있다.

1970년까지만 해도 우리의 관심은 좌뇌와 우뇌를 구별하는 것이 아니었다. 그런데 간질병 환자의 뇌량절단을 통한 수술치료를 하는 과정에서, 좌뇌에서 발병된 것이 우뇌로 발전하지는 않는다는 사실을 발견하면서 좌뇌와 우뇌의 구별도 의학계의 관심을 받게 되었다. 최근에는 왼손잡이와 뇌의 관계 속에서 정신분열의 원인은 아니지만 왼손잡이의 발병률이 오른손을 쓰는 사람에 비해 10%가 더 높다는 것 등의 연구결과가 나오면서, 좌뇌와 우뇌가 하는 일이 서로 상이하다는 것에 더욱 관심을 가지게 되었다. 여러 가지 연구 끝에 오늘날에 와서는 어느 한쪽을 개발시키는 것보다 양쪽 뇌를 고루 발달시켜야 한다는 것이 보편적인 지식이 되었다.

일반적으로 좌뇌는 언어, 수리, 수락, 순서 등 이른바 학습적인 부분을, 우뇌는 음악, 시, 그림, 상상력 등 창의적이고 예술적인 활동에 속하는 부분을 다루고 있다고 알려져 있다. 인간은 어느 한쪽 뇌를 다른 부분보다 더 많이 사용하면서 성장하므로, 좌뇌가 발달한 사람은 이성적이고 숫자나 기호에 강하며 계산능력이 빠르고 분석적이며 논리적이다. 반면에 우뇌가 발달한 사람은 감성적이고 공간지각능력이 뛰어나며 언어를 잘 구사하고 뛰어난 상상력과 표현력, 강한 직관력이 있으며 감성이 풍부하다.

그래서 어떤 사람들은 남성은 좌뇌가 발달했고 여성은 우뇌가 발달했기 때문에 남녀가 생각의 차이를 가지는 게 아니냐는 주장을 펼치기도 한다. 사람이 어느 쪽 뇌를 쓰느냐에 따라 생각과 사상 및 성격의 차이가 생기기 때문에 남성과 여성은 동떨어진 생물체라는 이야기를 한다는 것이다.

사람들은 흔히 뇌의 발달에 따라서 생각의 깊이가 달라진다고 한다. 과연 이 뇌가 손상을 입으면 어떻게 될까? 뇌는 중추신경계를 관장하는 기관으로, 몸의 모든 감각과 활동을 지시하고 통제해서 신체가 향상성을 가지도록 한다. 만약 뇌가 손상을 입어 기능이 멈춘다면 먼저 사고능력이 멈춤으로써 침대에 누운 채 아무것도 할 수 없을 것이다. 이것을 우리는 '뇌사'라고 한다. 뇌가 사망했다는 의미다. 그리고 우리의 몸은 외부장치에 의해 몇 주간은 살아갈 수 있겠지만, 결국에는 신체기능도 멈출 것이다.

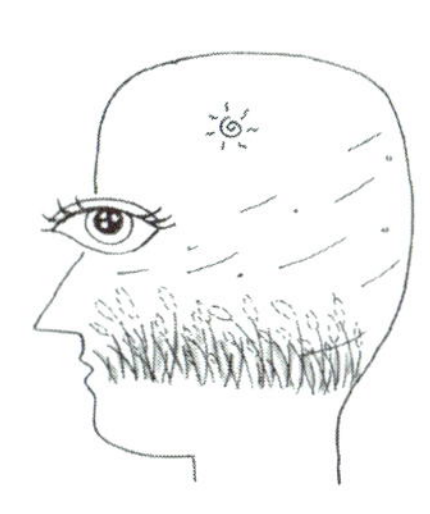

여기서 생각할 것은 뇌사라는 부분이다. 뇌사라는 말의 의미를 생각해보라. 사람이 비록 숨을 쉬고 심장이 뛰고 있더라도 뇌사상태라면 죽었다고 생각한다는 의미다. 뇌가 인간에게 차지하는 비중이 그만큼 크기에 우리는 뇌의 손상을 뇌사라고 부르는 것이다.

3. 두뇌를 발달시키는 법

"난 머리가 나빠. 그래서 공부를 못해."

주변을 보면 꼭 이런 사람들이 있다. 그러나 이것은 잘못된 생각이다. 분명 우리의 뇌세포는 하루에 10만 개 정도가 죽어가고 있으며, 세월의 흐름에 따라 뇌가 노화되는 것은 사실이다. 그러나 우리가 생각하는 머리가 좋은 사람들(보통 위인들을 생각할 것이다.) 중 어느 누구도 두뇌를 모두 활용한 사람은 없다. 인간이 평생을 살면서 최대한 뇌를 사용하려 온갖 노력을 다한다 하더라도 뇌 용량의 10%도 제대로 사용하지 못한다.

즉 머리가 나빠서 공부를 못한다는 것은 말이 되지 않는다는 것이다. 뇌를 잘 사용하면 두뇌란 발달하기 마련이다. 두뇌는 스스로 발달시키는 것이며, 후천적인 노력에 의해 두뇌를 발달시킬 수 있다. 자, 지금부터 우리의 뇌를 잘 사용하기 위해서 두뇌를 발달시키는 방법을 알아보자. 아이들 입장에서 보면 머리가 좋아지게 하는 방법이라고 말할수도 있겠다.

● 충분한 영양을 공급하자

우리는 몸의 건강을 위해 음식을 골고루 먹는다. 근육을 키우려는 남성이나 다이어트 중인 여성들은 탄수화물, 단백질, 지방의 비율을 생각하면서 챙겨먹기도 한다.

이렇게 몸의 건강을 위해서 성분을 꼬치꼬치 따져서 음식을 챙겨먹듯이, 뇌를 위해서도 필요한 성분이 충분히 들어 있는 음식을 챙겨먹어야 한다.

두뇌를 위해 섭취해야 할 영양소 중 첫째는 비타민 B군이 많이 포함된 음식이다. 비타민 B군은 아미노산이 제 역할을 하도록 도와 뇌의 신경조직을 활발하게 만들어 준다.

둘째는 뇌세포를 생성하는 데 필요한 고단백질 음식이다. 특히 곡물에 있는 단백질은 두뇌의 노폐물을 제거하는 특효약이다.

셋째로 DHA가 풍부한 음식이다. DHA는 두뇌기능을 강화시키는 데 필요한 불포화지방산의 하나로 잘 알려져 있다. 이 DHA는 기억력에 좋은 아세틸콜린이라는 물질을 증가시켜 준다.

그리고 영양을 잘 공급하면서 동시에 이루어져야 할 것이 있는데, 바로 충분한 산소 공급이다. 산소는 호흡에 의해 체내에 흡입되어 혈액을 따라 각 기관에 공급되어 사용된다. 그중 뇌에 공급된 산소는 순식간에 소모된다. 그래서 뇌는 다른 기관에 비해 많은 양의 산소가 필요하다. 그래서 공기가 탁하거나 산소가 부족한 상태에 있을 때, 머리가 무거워지거나 두통을 호소하게 되는 것이다.

● 뇌를 편안하게 만들자

우리의 뇌에 치명적으로 나쁜 것으로는 무엇이 있을까?

여러 가지가 있겠지만 그 가운데 치명적인 것으로 스트레스를 꼽을 수 있다. 뇌는 감정과 매우 밀접한 관계가 있다. 주변을 둘러보면 고민과 걱정을 지나치게 깊이 하는 사람들이 많다. 지나친 고민과 걱정은 문제가 해결되지도 않을 뿐더러 오히려 뇌에 지나친 자극을 줘서 우리의 감정을 나쁜 방향으로 이끈다.

그럼 뇌를 편하게 만드는 방법으로는 무엇이 있을까?

뇌를 편하게 만드는 방법 중 가장 좋은 것은 바로 자주 웃는 것이다. 되도록 크게 소리 내서 웃는 것이 좋다. 이렇게 웃게 되면, NK세포가 활성화되어 우리 몸의 면역력이 높아지고, 뇌도 기분이 좋아져서 왕성하게 활동할 수 있게 된다.

어떤 일을 할 때, 자원해서 기쁜 마음으로 하면 능률이 오르고 하기 싫은 것을 억지로 한다고 생각하면 성과가 나쁜 것도 이런 뇌의 활동의 연장선에 의한 결과다. 그러니 작업을 하다가 지루해지거나 짜증이 나면, 잠시 뇌를 편안하고 기분 좋게 만들어줄 필요가 있다. 잠시 시간을 내서 재미있는 책을 읽거나 음악, 또는 놀이로 뇌를 환기시켜 보자. 집중도 되지 않는데 억지로 일하는 것보다 이렇게 뇌를 살살 달랜 뒤 일하면 훨씬 작업시간이 단축되는 것을 느낄 수 있다.

● 뇌파(EEG: Electroencephalogram)를 조정하자

세 번째로는 뇌파를 조정하는 방법이다. 1929년 한스 베르거(Hans Berger)라는 신경정신과 의사에 의해 뇌파가 발견되었다. 그리고 그 후 과학자들이 뇌에서 $\alpha, \beta, \delta, \theta$ 라고 불리는 각기 성질이 다른 4가지의 뇌파가 발생한다는 사실을 발견했다.

알파(α)파는 우리가 편안하게 휴식을 취하는 상태에서 분출되는, 약 8-13Hz의 주파수 범위의 뇌파를 말한다. 스트레스에 지배되지 않는 건강한 사람들은 많은 양의 알파파를 만들어낸다. 베타(β)파는 약 14-30Hz까지의 주파수 범위의 가장 빠른 뇌파이다. 일반적으로 외부세계에 대해 깨어 있거나 눈을 뜨고 집중하는 상태 또는 구체적이고 특별한 문제를 다루고 있을 때 가장 활발하게 활동한다. 베타파는 민첩성, 각성, 집중, 인식력과 관계가 깊다. 쎄타(δ)파는 보통 졸릴 때 경험하는 약 4-8Hz의 주파수 범위를 말한다. 통상적으로 수면과 깨어 있는 상태 중간의 몽롱한 상태에서 발생하며, 꿈과 어린 시절의 기억, 환상, 자유연상과 연계해서 창의적 아이디어가 떠오르기도 한다. 델타(θ)파는 깊은 수면에 빠질 때 차지하는 뇌파로 0.5-4Hz의 범위의 주파수를 말한다. 대부분의 사람들은 델타파 상태에 있을 때, 수면 또는 무의식상태에 있게 되는데, 그동안 두뇌는 막대한 양의 성장호르몬의 분출을 작

동시킨다.

통상적으로 인체에 저주파(低周波)가 유익한 작용을 한다. 우리가 명상이나 참선을 하는 것도 인체를 저주파에 노출해 유익한 뇌파를 많이 생성하도록 하는 일이다. 엠씨스퀘어와 같은 기기도 이런 이론적 배경을 바탕으로 나온 제품이다. 이런 여러 가지 방법을 사용하면 집중력을 강화시키는 알파파와 베타파가 유도된다.

우리가 손쉽게 뇌파를 활용하기 위한 방법으로 어떤 것들이 있을까? 먼저 일을 하기 전에 할 수 있는 방법으로는 온수를 이용한 목욕이나 반신욕, 잠시 동안의 명상이 있을 것이다. 또 일을 하면서 우리의 뇌를 자극하는 다양한 클래식을 듣는 것도 효과가 있다. 클래식을 들으면 심신의 안정에 상당한 효과를 볼 수 있다는 연구결과가 있다. 음악은 뇌에 자극을 줘서 뇌파에도 영향을 미친다. 음악이 뇌에 미치는 효과가 크기에 집중력향상 음악, 치유 음악, 태교 음악 등 여러 가지 분야에 맞춰 컴필레이션 음반이 나오기도 한다. 이런 방법들을 활용하면 어떤 일을 능률적으로 할 수 있도록 집중력을 강화시킬 수 있다.

● 뇌를 훈련하자

흔히 "결혼은 해도 후회하고 하지 않아도 후회한다. 그러므로 하고 후회하는 편이 낫다."라는 말을 한다. 우리의 뇌도 마찬가지다. 우리가 원하든 원하지 않든 날마다 일정량의 뇌세포는 죽는다. 그리고 외부적 충격으로 뇌가 손상되면 더 많은 세포가 죽거나 없어진다. (어른들 중에는 아이의 머리를 때리는 사람이 있는데 주의하자.)

어차피 죽는 뇌세포라고 말하면서 그냥 둘 것인가? 물론 아니다. 뇌세포가 죽기 전에 기억소자(記憶素子)의 역할을 충분히 다할 수 있도록 활용하는 편이 낫다. 이 활용을 위해 우리는 두뇌훈련이 필요하다. 두뇌훈련은 치매라고 불리는 알츠하이머병의 예방에도 도움이 된다.

그럼 뇌에 적절한 자극을 줌으로써 훈련을 하는 방법으로 어떤 것들이 있는지 살펴보자.

가장 손쉬운 방법은 일상생활에서 필요한 단어들이나 전화번호 등을 암기하거나, 간단한 계산은 암산으로 해보는 것이다. 또 날마다 보는 신문에 나와 있는 낱말맞추기나 크로스퍼즐도 좋은 방법이다. 요즘 유행하는 방법들로는 '스도쿠'라는 숫자넣기 게임, 여럿이서 할 수 있는 '쿵쿵따'라는 낱말잇기 게임, '369'라는 순서기억 게임 등이 있다. 또 이밖에 다양한 두뇌훈련용 게임을 해 보고 싶다면 닌텐도에서 만든 게임기를 이용해보는 것도 좋을 것이다. 암기나 암산, 게임 이외의 방법도 있다. 독서를 하고 인상 깊은 구절을 적거나, 줄거리나 느낀 점 등을 다른 사람에게 이야기하는 것이 그것이다. 특히 두뇌훈련은 머리로만 하지 말고 양손도 같이 사용하는 것이 좌우 두뇌가 골고루 발달하는 데 유익하다는 보고가 많다. 두뇌훈련을 할 때 참고하도록 하자.

4. 마인드맵의 이해와 활용

좌뇌와 우뇌를 모두 사용할 수 있게 하는 방법 가운데 하나는 마인드맵을 사용하는 것이다. 마인드맵은 뇌가 정보를 처리하는 방식과 동일한 방식으로 작용한다. 그래서 이 활동은 좌뇌의 기능과 우뇌의 기능,

양쪽의 기술을 모두 결합시키는 데 도움을 준다. 말을 만들거나 상징성을 내포하는 등 논리적 기능을 하는 좌뇌와 색채나 형태를 인식하는 등 형식적 기능을 지닌 우뇌가 결합하는 것이다.

특히 마인드맵을 통해 만든 자료들은 우리 뇌에 쉽게 저장되며 시각적으로 인식하기 때문에 기억력을 향상시킨다. 또 마인드맵은 ①시간을 절약하고 ②내용을 체계적으로 정리하며 ③창조적 재능을 발휘하게 한다. 그래서 여러 곳에 활용할 수 있으며, 우리의 사고력을 증진시키는 데도 유익하다.

● 마인드맵의 정의

마인드맵은 1971년 영국의 심리학자 토니 부잔(Tony Buzan)이 뇌의 특성에 착안해서 고안한 창의적인 발상 기법이다. 뇌 이론과 인지심리학에서 시각적 사고과정을 중요하게 다루는 점에 초점을 맞춰 시각적 사고를 효과적으로 사용할 수 있는 방법으로 마인드맵을 만들어낸 것이다.

마인드맵은 기존의 낱말을 활용하는 방법보다 다양하고 풍부한 시각적 이미지를 함께 표현한다. 마인드맵을 활용하면 좌우 두뇌를 최대한 활용할 수 있다.

토니 부잔은 『마인드맵』이라는 책에서 마인드맵에 관해 다음과 같이 정의했다.

마인드맵은 마음의 자연스런 기능인 방사 사고를 표현하는 기법이고 잠겨 있는

두뇌의 잠재력으로 들어갈 수 있는 만능열쇠를 제공해주는 강력한 그래픽 기술

이다. 마인드맵은 실생활의 모든 면에 적용될 수 있고, 학습기술을 향상시키고 명료한 사고를 가능케 함으로써 인간 활동을 강화시켜 준다.

즉 마인드맵은 마음속에 생각하고 있는 것들을 먼저 그림이나 표, 기호로 그리고 여기에 여러 가지 색상으로 강조하고, 핵심단어만을 사용해서 나뭇가지 모양으로 서로의 연관성을 표현하는 것이다. 이렇게 작성한 마인드맵은 창의성을 길러주고, 자료를 보다 명료하고 또렷하게 연상할 수 있다.

마인드맵은 그 형태와 특징의 특이성으로 인해 몇 가지 정의를 내릴 수 있다.

첫째, 중심체로부터 사방으로 뻗어나가는 형태를 그리기 때문에 '방사 사고의 표현'이라고 한다. 둘째, 기존의 정보관리방법보다 마음속의 지도를 그리듯 글자와 기호의 그림을 사용하는 새로운 정리방법이다. 셋째, 단순한 필기가 아니라 작성자에게 창의성을 요구하고 표현할 수 있도록 해주는 새로운 필기법이다. 넷째, 위에서 이미 언급한 것처럼 좌뇌와 우뇌를 유기적으로 연결해 뇌의 기능을 최대화하는 사고력중심의 두뇌개발 방법이다.

● 마인드맵의 특징

마인드맵의 특징을 알기 위해서 이전에 사용하던 방법들이 가진 문제점을 생각해 보자.

먼저 우리가 주로 사용하던 노트 필기는 직선적 방법이라고 할 수 있다. 토니 부잔은『마인드맵』에서 노트 필기의 전형적인 단점을 다음과 같이 지적하며 문제점을 제기했다.

노트 필기는 핵심어를 숨기거나 다른 페이지에 나타내어 덜 중요한 많은 단어에 의해 가려진다. 또 전형적 노트 필기에 소요되는 시간이 많아 시간 낭비가 크다. 단색으로 쓰인 노트는 시각적으로 지루함을 주게 되고 두뇌에 창조적인 자극을 주지 못한다. 직선 노트는 각 사상을 문맥과 분리시켜 놓음으로써 자연스런 사고과정을 방해하거나 마비시켜 버린다.

토니 부잔은 노트(note making)와 필기(note taking)를 구별해서, 노트는 자신의 생각을 창의적이고 혁신적인 방법으로 조직화하는 것이고, 필기는 책이나 기사, 강의 등으로 표현된 다른 사람의 사상을 요약하는 것으로 생각했다. 이 두 가지는 보통 동시에 이루어지지만 전형적인 노트 필기에서는 다양한 사고와 생각의 흐름을 표현할 수 있는 시각적, 공간 지각적 요소와 창의력, 상상력을 경험하게 하는 요소들이 결여되어 있다. 즉 이전의 방법들은 두뇌의 종합적 기능을 제대로 반영할 수 없다는 것이 주요한 문제였다.

그렇다면 마인드맵은 이전의 방법들과는 어떻게 다를까?

마인드맵은 떠오르는 생각들을 자연스러운 흐름으로 연결해서 각 개념들이 연관성을 갖추도록 만든다. 그리고 가장 중요한 것은 중심에 둬서 한눈에 전체를 파악할 수 있도록 구성되어 있다. 이를 종합해서 말하자면 방사적 사고(Radiant Thinking)라고 할 수 있다. "중심체로부터 사방으로 뻗어나간다."라는 것은 중심점으로부터 진행되거나 중심점에 연결되는 결합적인 사고과정을 표현할 수 있다는 이야기다. 이러한 방법은 모든 단어와 이미지를 본질적으로 결합의 중심으로부터 멀어지거나, 공통의 중심에 접근하는 무한한 고리로 연결할 수 있게 만든다. 그래서 마인드맵은 표현은 2차원적이지만 인식은 다차원적으로 공간과 시간 및 색상을 포함한다고 봐야 할 것이다.

따라서 마인드맵이란 나뭇가지 모양을 이용해 데이터들의 상하관계를 자신이 정하는 기준에 따라 임시 분류하는 메모법이라고 할 수 있다. 이렇게 하면 데이터에서 정보를 추출해서 구조화하는 것이 가능하며, 정보가 시각화되므로 전체적인 시각을 유지하는 동시에 세부사항에 집중할 수 있게 해서 시간도 절약할 수 있는 유용한 노트 필기법이라고 할 수 있다.

좀 더 구체적으로 마인드맵의 유용성을 정리해 보자면 다음과 같다.

첫째, 내용상의 순서가 없어서 다차원적인 인간의 두뇌활동이 가능하다. 그래서 무언가를 생각하는 것이 더 이상 하기 싫지만 해야 하는 일이 아니라 즐겁게 하는 놀이가 된다. 조각난 생각의 흐름이 자연스럽게 눈에 보이기 때문이다.

둘째, 중심부와 주변부의 연결이 분명하게 되며, 아무리 복잡한 것이라도 단순한 구조로 나타낼 수 있으므로 두뇌활동의 조직성과 효율성을 자연스럽게 향상시킬 수 있다.

셋째, 이미지와 색상을 통해 시각화하고 간결한 표제를 사용하고 경우에 따라서는 이미지로도 정리해서, 기억력, 창조력, 집중력, 독창성 등이 자연스럽게 향상된다.

넷째, 한눈에 전체사항을 조감할 수 있으므로 복잡한 사실에 대한 체계적이고 논리적인 분석력이 가능하다.

끝으로, 이런 마인드맵의 특징을 통해 보다 많은 내용을 빠르고 쉽게 파악하고 지식을 구조화할 수 있다.

● 마인드맵의 구성

흔히 사람들은 마인드맵이란 뇌의 구조를 그림에 비유해서 표현한 것이라고 말한다. 실제로 유기적인 나뭇가지 모양으로 그려지는 마인드맵은 뇌에서 정보를 제공하고 연결하는 뉴런과 시냅스 현상의 생리적인 모양을 모방한 것처럼 보이기도 한다. 이런 점을 고려해서 마인드맵의 효과를 극대화하기 위해서는 마인드맵 작성을 위한 구성을 정확하게 짚어볼 필요가 있다.

(1) 조직화 : 뇌는 기억하고 있는 모든 자료를 주관적으로 조직화한다. 또 직선적으로 나열한 자료라 하더라도 조직화를 하면 나중에 회상하기가 쉬워진다. 자료를 조직화하는 활동은 그 자체만으로도 기억에 도움이 된다. 그러므로 내용을 잘 이해하고 기억하기 위해서 먼저 내용의 구조, 즉 그 틀을 잘 파악해 조직화를 하는 것이 중요하다. 스스로 개념을 조직해보는 이 활동을 통해 정보의 이해정도를 높이고 정보의 기억과 이해를 증진시킬 수 있다.

(2) 중심이미지와 가지 : 중심이미지는 핵심 이해사항, 즉 중심표제를 시각화하는 것이다. 먼저 어린아이가 어머니를 중심으로 세상을 이해하듯이 생각의 모체가 되는 중심표제를 정한다. 이 중심표제는 처음에 임의로 정해 놓고 나중에 바꿀 수도 있다. 처음에 중심표제로 적은 것이 유용하기는 하지만 창의적인 연상 작용이 시작되는 곳이니만큼 굳이 고정관념에 사로잡힐 필요는 없다는 의미다. 가지는 중심이미

지에서 퍼져나오는 생각들의 흐름으로 구성된다. 조형적으로 중심과 가까운 가지가 주가지가 되며 먼 쪽이 부가지가 된다. 이때 주의할 점은 시간적 순서로 생각하지 말고 전체적인 상황에서 보기 좋도록 그려야 한다.

(3) 키워드 : 문장이나 구절로 쓰는 것보다 키워드를 이용하면 간단하면서도 효과적으로 마인드맵을 나타낼 수 있다. 긴 문장도 줄이고 줄이면 짧은 단어로 압축할 수 있다. 이때 단어는 이미지와 마찬가지로 정보를 전달하는 기호와 같은 역할을 할 수 있다. 즉 마인드맵을 구성하기 위해서는 키워드가 되는 단어를 찾아내는 것이 핵심이다. 이 키워드를 사용하면 암기할 내용도 적어서 기록된 단어들에 대한 심상이 풍부해져서 사고력을 키워준다. 또한 키워드는 말 그대로 다른 사건이나 공간을 연결하는 열쇠처럼 이야기의 전후관계를 추정할 수 있는 단서가 된다.

(4) 이미지 : 여러 번 듣는 것보다 한 번 보는 이미지가 수많은 단어를 떠오르게 할 수 있다. 이미지는 감정, 상상력, 전체적인 시각, 사건의 유추를 빠른 시간 내에 감지하게 하는 도구이다. 일상생활에서 잘 사용되는 간단한 이미지부터 다양한 생각을 나타내는 복합적인 이미지까지, 모두 마인드맵에 쓰일 수 있다. 다만 중심이미지를 뚜렷하게 부각시키고 뻗어나가는 가지들을 정리해서 볼 수 있도록 일정한 정도(보통 7~8개)를 넘지 않도록 한쪽에 묶어서 정리하는 것이 더 기억하기 쉽다.

(5) 색상 : 색상은 마인드맵의 한 부분을 일관성 있게 보여주는 동시에 어떤 특정한 정보가 눈에 더 쉽게 띄도록 한다. 색상을 사용하면 정보들의 순서와 연관성을 더욱 간단하게 알 수 있으며 가독성을 높여 기

억에도 도움이 된다. 또한 다양한 색상은 우리의 감각을 자극하기 때문에 잘 만든 마인드맵은 일종의 작품으로써의 즐거움을 주기도 한다. 그리고 위에서 언급된 단어나 이미지에 색상을 입혀서 연결을 하면, 마인드맵으로써의 효과가 더욱 강화된다.

(6) 스타일 : 스타일이란 작성하는 사람이 가지는 개성이라고 할 수 있다. 저마다 개성이 다르듯이 마인드맵의 스타일 또한 천차만별이다. 글자나 그림, 그리고 색상이나 가지의 모양, 이미지의 선택 등에 있어서 각자가 가지고 있는 안목과 취향에 따라서 여러 가지의 스타일로 표현된다. 주제에 따라서 일정한 스타일 패턴을 만든다든지 주제의 중요성에 따라서 또 다른 형태로 이미지를 만들면 재미있는 마인드맵을 구성할 수 있을 것이다.

(7) 재료 : 마인드맵을 구성하기 위해서 필요한 기초재료는 종이와 필기구이다. 때에 따라서는 색연필이나 다양한 색상과 종류의 펜이 필요하다. 미학적으로 아름답게 꾸미는 것도 마인드맵을 만드는 하나의 재미이기 때문이다. 그러나 더욱 중요한 것은 만들고자 하는 문서의 종류와 다루는 주제에 따라서 그 내용을 잘 알 수 있도록 표현하는 것이다. 이를 위해서는 자신이 사용하기에 가장 편한 필기구를 고르는 것이 좋다. 손에 익숙하거나 자주 사용하는 것을 이용함으로써 더 좋은 마인드맵을 구성할 수 있다. 그리고 종이는 각자가 잘 사용하는 재질이나 크기, 그리고 손에 익숙한 정도에 따라 결정한다. 종이는 가로를 넓은 쪽으로 사용해야 파노라마처럼 한 눈에 펼쳐지는 광경을 볼 수 있다.

● 마인드맵의 작성

마인드맵을 작성하기 위해서는 종이와 필기구를 준비하고 기록의
진행순서에 따라서 대략 아래와 같은 단계로 진행한다.

1단계 : 마인드맵을 구성할 중심표제를 종이의 중심에 이미지로 표현한다. (중심
이미지)

2단계 : 중심이미지로부터 뻗어나가는, 중심표제를 통해 연상되는 키워드를 담
은 굵은 가지를 그린다. 첫 번째 가지들은 중심과 유기적이어야 하며, 단
어나 이미지 및 그림을 사용해서 중심에 가까울수록 크고 두껍게 멀어
질수록 작고 가늘게 그린다. (주가지)

3단계 : 굵은 가지에서 뻗어 나가는, 키워드를 담은 얇은 가지들을 그린다. 이때
에는 앞의 굵은 가지에 담긴 키워드를 명확하게 표현하거나 설명할 수
있는 그림이나 이미지를 사용하는 것이 좋다. (부가지)

4단계 : 부가지에서 뻗어나가는, 부가지의 키워드를 설명할 수 있는 세부가지를
그린다. (세부가지)

5단계 : 마인드맵에 그린 모든 가지 사이의 연결고리를 살피고, 필요한 경우 세
부사항을 덧붙인다. (세밀가지)

더 좋은 마인드맵의 구성을 위한 팁을 이루자면, 종이의 경우 줄이나
칸이 없는 백지가 사고의 제한을 주지 않으므로 더 유용하다. 핵심표제
는 종이의 한가운데에 쓰는데, 그것은 다양한 정보나 소주제들을 핵심
표제와 연결하기 쉽기 때문이다. 이때 중심표제는 직사각형보다는 구
름이나 타원 형태의 이미지 안에 적는 것이 좋다. 또 주가지나 부가지

들은 실제 나뭇가지처럼 자연스럽고 비슷한 크기로 그리되 적절한 공간을 두고 보기 좋게 배치한다.

마인드맵에 단어를 쓸 때는 딱 보면 연상이 가능한 핵심단어를 사용하고 눈에 띄는 이미지와 연결한다. 가지들은 기본적으로 각기 그 가지의 중요성에 따라서 색을 정해서 그리고 작성하는 사람은 자기만의 의미를 넣은 색상 패턴과 스타일 이미지를 갖고 있는 것이 좋다. 자유 연상을 통해서 만들어진 마인드맵은 색과 이미지를 통해 더 깔끔하고 기억하기 쉽게 재구성하는 것이 바람직하다. 끝으로 색인 정리할 수 있도록 한쪽 구석에 필요한 정보와 설명을 적어 놓는다.

마인드맵은 얼마나 많이 작성해 봤느냐에 따라서 모양과 이해도, 그리고 활용도가 달라진다. 그래서 어떤 일이 있거나 생각을 할 때 스스로 직접 연습 삼아 자주 그려보는 것이 좋다.

물론 처음 마인드맵을 작성할 때는 어렵게 느껴질 것이다. 이때는 페레르브(PERERV) 방법에 따라 순서대로 작성하면 더 쉽게 마인드맵을 그릴 수 있다.

페레르브란 마인드맵을 준비하기(Prepater) → 떠올리기(Evoquer) → 만들기(Ramifier) → 검토하기(Examiner) → 재구성하기(Reorgnaiser) → 시각화하기(Visionner)의 순서대로 구성하는 것을 말한다.

페레르브는 이 순서들을 프랑스어로 나타낸 단어들의 첫 글자를 따서 만든 것으로, 이 순서대로 하면 초보자들도 쉽게 마인드맵을 구성할 수 있다.

5. 마인드맵을 적용한 협상

● 브레인스토밍을 통한 협상

마인드맵을 사용하기 좋은 기회는 협상을 앞두고 전략회의를 할 때이다. 그리고 이 회의는 브레인스토밍(Brainstorming)의 방식을 사용하는 것이 바람직하다.

브레인스토밍은 1941년 알렉스 오스본(Allex Osborn)이 광고작업의 아이디어를 내기 위해 고안한 회의방식의 일종으로, 아이디어의 발상과 평가를 철저히 분리한다. 이 방식을 사용하면 참석한 사람들은 서로에 대한 비판 없이 열린 마음으로 자유로운 사고가 가능해서 좋은 아이디어를 많이 창출할 수 있다. 그리고 집단의 효과를 살릴 수 있으며 아이디어들이 연쇄반응(brain-storming)을 일으켜 많은 아이디어를 가지고 문제에 대한 해결책이나 개선점을 찾기 쉽게 한다.

우리가 협상을 위해서 브레인스토밍을 할 때 고려해야 할 지침들로는 어떤 것들이 있을까? 로저 피셔(Roger Fisher)의 『협상 비결』에 나온 지침들을 참고해보자.

■■회의하기 전

· 당신의 목표를 분명히 하라.

· 회의 참석자의 수를 적게 하라.

· 환경을 바꾸라.

· 격식을 차리지 않는 분위기로 유도하라.

· 회의를 잘 진행시킬 만한 사람을 고르라.

■■ 회의하는 중

· 문제를 앞에 두고 참석자들이 나란히 앉는다.

· 기본적 규칙들을 명백히 하고, 비판은 허락하지 않는다.

· 상상력을 가지고 참여하라.

· 아이디어들을 잘 보이도록 기록하라.

■■ 회의를 한 뒤

· 가장 유망한 아이디어를 표시하라.

· 선택된 아이디어를 더 개선해보라.

· 아이디어를 평가하고 결정할 시간을 정하라.

● 마인드맵을 통한 협상

협상을 앞두고 있을 때 생각하고 점검할 사항들은 매우 많다. 협상도 '보이지 않는 전쟁'이라는 점을 생각한다면 철저한 준비가 필요할 것이다. 우리는 우리에게 유리한 곳에서 유리한 주제로 유리한 결과가 나오도록 최선을 다해야 한다. 그러기 위해서는 상대가 어떻게 나올 것인지 상대의 전력과 전략을 평가해보고 그에 대한 대응책을 마련해야 한다. 이런 준비를 할 때 다양한 부분에서 마인드맵을 활용해볼 수 있다. 협상 전 마인드맵을 할 때 생각해두면 좋을 사항들을 살펴보자.

1) 목표 세우기 : 목표를 세울 때 마인드맵을 사용해서 생각하면 구체적이고 명확하며 관찰과 측정이 가능한 효과적인 목표를 세울 수 있다. 우리가 협상과 관련해서 설정할 목표는 협상에서의 가장 중요한 가치

및 협상을 하는 목적과 조화를 이루어야 한다. 이를 위해서는 실효성 있는 단일한 문장으로 목표를 설정해야 한다. 마인드맵으로 목표를 작성하면 우리가 바라는 목표가 현실적이고 합리적으로 연결이 되고 있는지를 판단할 수 있다. 그리고 무엇보다도 변화하는 상황에 대해 유동적으로 대처할 수 있는 사고의 여유를 제공해준다.

목표를 세울 때는 먼저 협상목표 설정이라는 주제를 중심으로 왼쪽에는 협상에서 일어날 수 있는 최악의 결과들을 적고, 오른쪽에는 협상을 통해서 달성하고 싶은 최선의 결과들을 적는다. 그다음 목표를 이루었을 때 느낄 수 있는 결과나 감정을 표시한다. 다음으로 목표에 도달하기 위한 과정이 주변상황과 잘 일치하는지를 살펴본다. 여기에는 목표에 도움을 주는 자원과 어려움을 주는 장애물을 나타낸다. 그다음으로 목표에 도달하기 위한 접근법으로써 전략들을 기록하며, 또한 전략을 수정하도록 영향을 끼치는 요인들에는 어떤 것들이 있는지 나열한다. 마지막으로 목표달성을 위해서 효율적인 업무분담을 계획하고, 성과에 따른 보상도 같이 적는다.

이처럼 하나의 목표를 가지고 전체구성원끼리 의견을 교환해서 통합된 마인드맵을 정리하자. 이렇게 만든 마인드맵은 풍부한 표현과 이미지로써 우리의 머릿속에 자리를 잡아 연상이 쉬워진다. 이것은 나중에 우리에게 교통지도처럼 협상에서 우리가 갈 방향을 못 찾았을 때, 당황하지 않고 냉철하게 협상에 임할 수 있도록 도와준다.

2) 전략 세우기 : 전략을 세울 땐 보통 목표에 가장 빠르고 효과적으로 도달할 수 있는 방법을 생각한다. 이때 여러 가지 전략을 고려해볼 수 있는데, 어떠한 전략을 택하느냐에 따라서 협상의 목표에 도달하는

과정이 다를 수 있다. 통상적으로 전략은 협상에 임하는 대상자에 따라서 다른 방식으로 세울 수 있는 것이므로 협상 대상자와 나의 관계는 어떠한가, 협상 대상자가 가진 장점은 무엇인가에 따라 달라질 수 있으며, 협상 대상자가 어떤 위치의 사람이며 어떤 유형의 사람인가에 따라서도 달라질 수 있다. 그런 점에서 고정된 전략을 사용하기보다 다양한 전략을 효율적으로 선택해서 활용하는 것이 좋은 전략이라고 할 수 있다.

우동기는 『성공전략 협상』에서 전략의 유형을 다음과 같이 설명한다.

■■논리적 분석형 전략

이 전략 유형은 협상의 진행에 있어서의 모든 과정과 절차들을 사실에 근거한 논리적인 의사소통을 통해 상대방을 설득하고자 하는 것이다. 그에 따라 협상 참여자는 항상 논리적인 분석을 근거로 한 정확한 판단을 해야 한다. 이를 위해서는 이치에 맞는지 논리적인 분석을 통해 사실들 간에 모순이 없도록 앞뒤를 따져봐야 한다.

■■직관형 전략

일반적으로 직관이란 대상을 인식하고자 할 때 판단이나 추론 등을 길게 펼쳐 개재시키지 않고 직접 파악하는 것을 이른다. 직관형 전략은 사실과 논리로써 협상을 진행하기 어려울 때, 직관을 통해 실천적인 행동을 옮기는, 용기가 필요한 전략이다. 그래서 가능한 한 많은 정보를 수집하고 무엇보다 직관적인 판단을 내릴 분야에 대한 넓고 깊은 경험과 지식이 그 무엇보다도 필요하다.

■■감성형 전략

감성형 전략이란 협상 참여자 간에 서로의 의견과 주장이 팽팽해서 협상이 교착상태에 빠질 때 사용할 수 있는 전략이다. 이 전략은 사람의 무의식을 끊임없이 자극하면 행동의 변화까지 불러올 수 있다는 이론에 근거를 둔다. 협상 대상자의 감성에 호소하는 이러한 전략은 어느 정도 원칙과 이성에 근거를 둬야 효과를 볼 수 있다.

■■원칙주의적 강성형 전략

이것은 일명 소비에트 스타일 혹은 관료 타입이라고 불리는 것으로 자신이 얻고자 하는 목표를 원리, 원칙, 주의, 정책, 방침 등 나의 조건을 힘의 논리를 이용해 양보하지 않고 주장해서 얻는 전략이다. 협상의 이상적인 목적과는 어긋나는 것 같지만, 이 전략도 때에 따라서는 유용한 전략으로 취급되기도 한다.

■■마키아벨리형 전략

마키아벨리형 전략이란 협상전략 중에서 가장 위험하면서도 유용한 전략이라고 할 수 있다. 사실 협상이라고 하는 것은 어떻게 보면 각종 이권이 오가는 흥정과 자신이 가지고 있는 힘을 자랑하는 것이라고 할 수 있는데, 이렇게 본다면 목표를 달성하기 위해 수단과 방법을 가리지 않는 전략이 필요할 수도 있다는 것이다. 그러나 아무리 우리의 목표를 달성할 수 있는 방법과 기술이라고 하더라도 원칙과 정도에 입각한 협상전략이어야 한다는 것을 잊지 말아야 한다. 왜냐하면 협상이란 사람이 하는 일이기에 거기에는 협상윤리라는 것이 있기 때문이다.

전략을 세우기 위해 마인드맵을 작성할 때는 가능한 한 다양한 전략들을 생각한다. 상대가 어떤 전략을 세울 것인가, 그 전략에 어떻게 대응할 것인가를 주요논점으로 토의해 보는 것이다. 이렇게 세운 기본전략을 중심으로 강구할 수 있는 전략과 대응에 대한 아이디어를 떠올려보고 전개된 아이디어를 심화해본다. 깊이 있게 살펴보기 위해서는 주어진 아이디어들을 놓고 여러 가지 질문을 하면서 다양한 생각을 해봐야 한다. 응용할 수 있는 질문들의 예는 다음과 같다.

모색하면? – 이것 외에 다른 것은 없을까?

응용하면? – 이것을 다른 것에 사용할 수는 없을까?

수정하면? – 의미, 색, 동작, 향기, 맛, 형태, 크기 등을 바꾸면 어떨까?

확대해 보면? – 다른 요소를 더하면 어떨까? 덧붙일 수 있는 것은 무엇일까?

대치하면? – 이것을 대신할 사람·물건·장소는 어떤 것이 있을까?

재배열하면? – 계획을 바꾸면 어떨까? 이것과 순서를 바꾸면 어떨까?

결합하면? – 이것과 섞으면? 용도를 합하면? 이 아이디어와 결합하면 어떨까?

거꾸로 하면? – 뒤집으면 어떨까? 반대로 생각하면 어떨까?

3) 결정 내리기 : 신속하고 적절한 결정을 내리는 것은 팀장의 일이지만 쉽게 단안을 내는 것은 어렵다. 협상에서도 중요한 결정을 내리기 전에는 수많은 변수들을 생각해봐야 하기 때문에 최소한의 정보만 가지고 간단하게 결정을 내릴 수는 없다. 그래서 결정을 내리기 위해서 올바르게 정보를 추려내고 정리해 정확한 판단을 내려야 한다. 그런 점에서 회의시간이 얼마나 주어지든지 간에 결정은 신중하게 내려

져야 한다. 일반적으로 사람에 따라서는 상황을 파악하고 합리적이고 이분법적인 사고로 간단하게 결정을 내릴 수 있는 사람도 있다. 그러나 이렇게 간단히 결정을 내리는 사람은 많지 않기에 우리는 마인드맵을 활용해서 결정을 하는데 도움을 얻고자 하는 것이다. 어느 보고에 따르면 마인드맵을 사용했을 때 미팅 참석자의 회의시간이 평소보다 1/4이나 줄었으며, 협의를 통해서 빠르고 정확한 결정을 내릴 수 있었다고 한다.

마인드맵에서는 결정을 내리기 위해 창의적이고 우회적으로 문제에 접근한다. 우리가 잘 알고 있는 일상적 사고방식이나 고정관념에서 한 발짝 물러나 우리의 상상력과 연상력을 확대시키는 것이다. 이를 위해 사용하는 방법으로는 주어진 문제와 해결된 문제에서 유사점을 찾거나 잘 알려진 해법모델에 맞춰 문제를 다시 생각하거나 상식을 벗어나 다른 각도에서 문제를 생각해보는 것 등이 있다.

먼저 제기된 문제를 중심이미지로 삼는다. 그 주변에 수집된 정보를 근거로 문제를 해결할 수 있다고 생각되는 대안들을 기호로 표시해본다.

이제 대안들을 검토할 수 있는 기준을 정한다. 실제로 각 개인은 자신의 고유한 가치와 목표에 의거해서 의사결정을 하므로, 다른 구성원의 의견을 경청해 합의사항을 도출해내거나 공동체의 설립이나 협상의 취지에 근거한 기준을 선택한다.

그 중요도에 따라서 필수사항과 희망사항으로 구분하고 참석자들의 의견에 따라서 대두되는 문제들과 논쟁되는 사항들을 이미지로 표시해본다. 그리고 몇몇 대안들은 서로 대립해서 선택에 갈등을 겪게 하므

로 추구하는 목표가 무엇인지를 참석자들에게 주지시키고 대안의 장
단점을 꼼꼼하게 살펴 체크한다.

결정을 내리기 전에는 잠시 생각할 시간을 가진 뒤 대안들에 대한
점수를 매긴다.

가장 높은 점수를 받은 대안을 가지고 논리적으로 타당한지, 다른 문
제는 무엇인지, 그리고 이 결과가 만족스러운지 평가해보자.

브레인스토밍을 통한 마인드맵은 시각적으로 인식되므로 생각의 자
유로움으로 인해 다양하고 좋은 아이디어를 제공받아 그것들을 생각
할 수 있으며, 의사결정 시에 생기기 쉬운 감정문제를 효과적으로 배제
시킬 수 있으므로 그 활용도가 매우 높다고 할 수 있다.

① 목표를 세울 때

단일한 문장으로 목표 설정 / 최선의 결과와 최악의 결과 예측 / 도움이 되는 자원과 장애물 파악
/ 전략과 전략에 영향을 끼치는 요인 기록 / 업무분담 계획과 성과에 따른 보상 알기

② 전략을 세울 때

협상 대상자와의 관계, 장점, 위치, 유형 고려 / 빠르고 효과적인 전략을 다방면에서 모색 / 상대
의 전략을 다방면에서 예측하고 대응책 고려 / 전개한 도식을 심화하기

③ 결정을 내릴 때

마인드맵을 이용한 여러 가지 대안의 비교 / 가장 높은 점수의 대안을 재평가 / 최종 결정하기

1. 영혼과 육체의 정의

인간은 그 겉모습만 보면 포유류 가운데 고등동물에 속한다. 그런데 다른 동물과 달리 인간은 스스로의 존엄성을 이야기하며, 본능적으로 사는 동물과는 다르게 인간 스스로에게 윤리적 책무를 요구한다. 이렇게 우리는 스스로 인간이 동물들과 다른 점들을 여러 가지로 구분하지만, 특성상으로는 동물과 다른 언어로 사고하며 사회적 일원으로 살아가야 한다는 것 외에 구별될 것이 없다. 그럼에도 불구하고 인간은 자유로운 의사결정으로 자기의 맡은 바 책임을 다해야 하는 사회적 의무와 그가 속한 공동체와의 약속을 지켜야 한다고 말한다.

이렇게 인간은 윤리적 의무를 수행해야 한다고 말하고, 우리는 그것을 당연하게 받아들이는 이유는 무엇인가? 일찍이 독일의 철학자 칸트(Immanuel Kant)는 "내가 그것들을 더욱 자주, 더욱 진지하게 생각하면 할수록 항상 새롭고 더욱 높아지는 감탄과 경외로 나의 마음을 가득 채우는 것이 두 가지가 있다. 그것은 나의 위에 있는 별이 빛나는 하늘과 나의 안에 있는 도덕법칙이다.”라고 말했다. 칸트는 인간을 존엄하게 만드는 것 가운데 하나가 도덕성이라고 보았던 것이다.

이처럼 다른 동물과 구별되는 인간의 한 속성을 대부분의 사람들은 눈에 보이는 것이 아니지만 분명히 존재하는 어떤 정신세계에서 기인한다고 생각했다. 그래서 고대 그리스인들은 인간을 영과 혼과 육체라는 서로 다른 기능을 가진 요소들이 합쳐진 존재로 생각했으며, 많은 사람들은 이것을 간단히 생리적 활동을 하는 물질적 형태인 육체와 정신적 활동을 하는 비물질적 형태인 영혼으로 구분하기도 했다. 그래서 오래전부터 현대에 이르기까지 인간의 정신적 활동에 대해서 이의를 제기하는 소수는 있었을지 몰라도 대부분의 사람들은 그것을 인정하면서 생활해왔다. 물질문명이 발달되고 신체적으로는 편리를 추구하지만 공허함을 느낄 수밖에 없는 현대사회에서 정신세계에 대한 관심은 더욱 커져갔으며 물질적 가치만큼이나 정신적 가치가 높이 평가되기도 했다. 그것은 인간이 인간답다고 하는 점이 바로 정신과 더 밀접한 관련을 맺고 있다고 생각했기 때문이다.

그러나 정신적인 요소만 인간에게 중요한 것은 아니다. 정신적인 활동을 물리적으로 표현할 수 있는 신체도 인간에게는 중요하기 때문이다. 따라서 단기간의 행동은 필요하지만, 정신세계에 몰입하기 위한다는 명목 아래 지나친 금욕이나 고행 등의 육체를 훼손하는 행위는 바람직하지 않다. 왜냐하면 육체도 엄연히 인간을 구성하는 매우 귀중한 요소이므로 존중받아야 하기 때문이다. 흔히 “건전한 육체에 건전한 정신”(Mens sana in corpore sano)이라는 말로 육체의 우선성을 이야기하지 않는가! 고대 로마의 시인 유베날리스(Juvenalius)가 한 이 말은 그

의 시구 "Orandum est ut sit mens sana in corpore sano." 에서 나온 것으로, 우리말로 정확히 번역하자면 "건전한 육체에 건전한 정신까지 깃들면 바람직할 것이다."라는 말이다.(그러나 사실 이 말은 그 당시의 신체단련만 강조하는 환경에 대하여 풍자했던 말이다.)

특히, 인간은 정신적 문제로 인해서 육체의 질병이 야기되기도 하고 육체의 고통으로 인해서 정신이 황폐해지기도 한다. 이것은 인간의 육체와 영혼은 서로 밀접한 유기적 관계가 있으며 우리에게는 이 두 요소 모두가 중요하다는 것을 말해준다. 다니엘 파운틴(Daniel E. Fountain)의 말처럼 삶에서 일어나는 모든 일이 몸의 모든 부분에 영향을 준다는 것이다.

원래 건강을 의미하는 'Health'의 어원은 완전이나 전체를 뜻하는 'Whole'에서 나온 것으로, 이것이 'hale'에서 'health'로 변형된 것이다. 여기서 전체라는 말은 신체와 같은 한 부분만 아니라 신체적, 정신적, 사회적 면에서 모두 건강해야 한다는 뜻을 함축하고 있다. 과거 건강을 질병이 없는 상태로 정의하며 사람이 아프지 않으면 건강하다고 보았으나, 그 후 건강의 개념이 신체에서 심신으로 바뀌어, 현재 건강은 육체적인 면과 정신적인 면 모두에서 정의하게 되었다. 그래서 1950년대 세계보건기구(WHO) 헌장에 나타난 건강의 정의는 '신체적으로 질병이 없거나 허약하지 않을 뿐만 아니라 신체적, 정신적, 사회적으로 완전히 평안한 상태'였다. 따라서 인간이 건강하다는 것은 몸뿐만이 아니

라 영혼도 건강한 상태에 있어야 한다는 것을 전제한다. 그래야 전인
(whole man)으로서 건강한 상태라고 말할 수 있기 때문이다. 이러한
상태를 유지하기 위해서 우리는 심신이 균형을 이루도록 적절히 신체
를 단련시키고, 영혼을 돌보는 데 신경 써야 한다.

2. 운동으로 신체의 균형 잡기

TV 홈쇼핑의 광고에 항상 등장하는 것 가운데 하나가 실내 운동기
구이다. 이 운동기구를 사용하면 단기간에 편리하고 쉽게, 효과적으로
몸을 관리할 수 있다는 내용이 빗발친다. 위치도 많이 차지하지도 않
으며 그 효과에 비해서 가격도 저렴하며 과학적으로 인간의 몸을 고려
해 만든 문명의 이기로 우리에게 선전되고 있다. 이 기구를 사용해서
효과를 본 사람들이 많든 적든 간에 이러한 광고가 계속되는 것은 운동
에 관한 우리의 관심이 커졌기 때문이다.

운동이 신체에 중요하다는 것, 육체의 힘을 키우고 단련을 해야 무
병장수할 수 있다는 것은 동서고금을 막론하고 당연한 사실로 받아들
여진다. 그러나 문제는 이 사실을 모르는 게 아니라 현대인들이 운동
의 중요성과 효과는 알고 있지만 실제적으로 운동의 습관을 가지기에
는 너무 바쁜 일상을 보내고 있다는 것이다. 그래서 확실한 효과를 볼
수 있도록 일정시간(예를 들면 일주일에 세 번 이상) 운동에 투자한다
는 것은 어려운 실정이다. 어떤 통계에 따르면, 지구상의 40%의 인구
는 운동을 거의 하지 않는다고 한다.

　　1960년대 이후에 사용된 성인병(adult disease)이라는 용어는 나이가 들어 노화가 되면 어쩔 수 없이 걸리게 되는 질병으로 인식되었다. 그러나 요즘은 이러한 질병도 적절한 식이요법과 간단한 운동만으로도 발병률을 감소시키거나 예방할 수 있다고 보고되고 있다. 1990년대 이후 수많은 질병이 우리의 생활습관과 매우 밀접한 관련이 있다고 주장하는 이론도 있다. 이것을 '생활습관관련질환'(Life-Style Related Disease) 이나 '생활습관병'으로 부른다. 그 이유는 많은 질병이 잘못된 생활습관에 의해서 기인되는 경우가 많고, 우리가 생활습관을 잘 길들이면 예방이 가능한 질병이 많기 때문이다.

　　현대인에게 운동부족은 심각한 상황에 이르러 많은 문제를 일으키고 있다. 이런 여러 가지 문제를 예방하기 위해서는 1주일에 3~4번 이상 최대 산소섭취량의 40~85% 운동강도 범위 내에서, 조금 힘들다고 느끼거나 또는 땀이 날 정도로 최소한 하루에 30분 이상 1시간 내외로 운동하는 습관을 가지는 것이 좋다. 그러나 이것도 개인에 따라 많은 차이가 있으며, 특정 질병을 앓고 있을 경우에는 전문가와 상담하고 자신에게 맞는 운동을 선택하는 것이 바람직하다.

　　특히 운동을 할 때에는 다음과 같은 사항을 고려해야 한다.

① 생활 중에서 운동하고

② 즐겁게 할 수 있는 운동을 선택하고

③ 안정성을 고려해 위험한 운동은 피하고

④ 경제적 부담이나 사회활동의 희생이 없도록 해야 하며

⑤ 영양 및 휴식과의 균형을 생각 한다.

인체에 미치는 효과를 생각해서 운동을 크게 두 가지로 분류하면 유산소 운동과 근력 운동으로 나눌 수 있다.

먼저 유산소 운동(aerobic exercise)이란 운동수행에 요구되는 대부분의 에너지공급이 유산소성 대사로써 이루어지는 운동을 말한다. 대체로 운동의 강도가 낮고 오랜 시간 지속할 수 있으며, 호흡순환계에 적절한 자극을 부과해서 심폐기능을 강화시키며 혈관의 젊음을 유지하게 한다. 유산소 운동은 30대 이후 연령증가에 따른 노화현상을 지연시키는 효과가 있는 것으로 알려져 있으며, 인체의 지방소비를 촉진시켜 고지혈증을 예방하고 비만을 해소하는 데 큰 효과가 있다.

그리고 '웨이트트레이닝'이라는 말로 잘 알려진 근력 운동은 근육을 사용해서 근력을 키우는 운동을 말한다. 근력이란 문자 그대로 표현하면 근육의 힘을 말한다. 근력 운동을 통해 근육의 힘을 강화시키면 운동을 하기 전보다 더 강한 힘을 사용할 수 있다. 즉 근력 운동이란 신체 각 부분의 근육을 발달시켜서 제 기능을 다할 수 있도록 신체를 강화시키는 운동을 말하는 것이다. 사람들 중에는 근육이 붙으면 보기 싫다는 이유로 근력 운동을 하지 않는 사람들도 있다. 하지만 근력 운동은 몸에서 불필요한 체지방을 감소시키고 필요한 근섬유를 강화시켜 지구력과 체력을 강하게 만들기 때문에 해주는 것이 좋다.

3. 건강한 영혼도 중요하다

우리가 자동차를 사려고 고를 때 색상과 디자인을 유심히 살피긴 하지만 최종적으로 확인하는 것은 엔진의 성능이다. 특히 중고차의 경우에는 엔진 확인을 철저히 한다. 자동차에서 가장 중요한 것은 결국 엔진이기 때문이다.

"열 길 물 속은 알아도 한 길 사람 속은 모른다."라는 말이 있다. 그리고 가끔 자신의 생각을 오해하는 사람에게 "그건 내 진심이 아니야."라며 자신을 제대로 이해해주길 기대한다. 이 모든 것은 바로 우리가 속이나 마음이라고 부르는 것이 진정한 그 사람을 나타낸다고 생각하기 때문이다. 즉 영혼이란 바로 우리를 제대로 나타내는, 인격이나 성격, 혹은 성품으로 생각하는, 마음속에 숨어 있는 자아라고 할 수 있다.

우리의 영혼은 일상생활을 통해 두 가지의 약점을 가지게 된다. 먼저 하나는 갈등이다. 우리의 숨겨진 모습 속에서 우리는 항상 생각과 느낌이 욕구에 따라서 상충되거나 그때그때 쉽게 변하기 때문이다. 즉 사랑하는 이를 향한 일편단심을 가졌다가도 사랑을 동반한 증오를 품게 되기도 하며, 신뢰를 해야 한다고 하면서도 불신의 눈으로 바라보게 되는 것이다. 더 나아가 남을 위하려는 생각을 하지만 본능적으로 이기적인 마음을 품는다. 이처럼 상반된 욕구가 끊임없이 생기므로 우리의 영혼은 갈등을 느낄 수밖에 없다. 다른 하나는 거짓이다. 우리의 속은 겉으로 보이는 외면과는 다른 모습이 있기에 위선이라는 가면을 쓸 때가 많다. 타인이 보는 나와 실제의 나는 상충되지만, 타인이 보는 내 모습이 실제의 내 모습처럼 그 타인이 판단하도록 위장을 한다. 더 나아가 잘못된 것인 줄도 알고 자기의 본모습이 아닌 줄 알지만, 거짓된 모습으로 살아가는 데 익숙해져 버리기도 한다. 타인에게 진실을 요구하면서 자신은 거짓인 채로, 서로를 속고 속이며 살아가게 되는 것이다.

이러한 약점 속에 놓여 있는 인간은 필연적으로 불안을 겪게 된다. 불안은 인간의 자아가 본래 존재인 실존과 일치하지 않을 때 가지는 경험이다. 끝끝내 실존에 도달하지 못한다고 느낀다면 인간은 스스로에게 절망하고 스스로의 삶을 제대로 누리며 살 수가 없다. 그래서 실존철학은 인간의 한계와 상황을 인정하면서도 성실하게 사는 것을 모토로 하고 있는 것이다.

이 현대인이 느끼는 불안은 그 누구의 말처럼 '고향의 상실'에서 기인하는지 모른다. 실존철학을 대표하는 학자 하이데거(Martin Heidegger)가 보는 현대사회는 기술문명 속에서 모든 사람들이 고향을 잃어버리고 존재의미를 상실해서 서로가 서로에게 하나의 도구가 되어 버린 불안과 공허와 권태의 세계이다. 그래서 한국인이 좋아하는 애송시 가운데 하나가 정지용 시인의 '향수'인지도 모른다. "그곳이 차마 꿈엔들 잊힐 리야"라는 말처럼 고향은 우리가 잊을 수 없는 곳이며, 영혼의 안식처와 같은 곳으로 그려진다. 여기서 우리는 영혼을 돌보아야 하며, 마음을 달래 주는 '치킨스프'로 영양보충도 해야 할 필요가 있다는 것을 깨닫는다.

그러나 우리 대부분은 우리의 진정한 모습에 대해서 인지는 하고 있지만, 영혼을 돌보는 것에 큰 관심을 갖지 못하고 있다.

생각해 보자. 마음에 위로가 필요하고 찢겨진 영혼에 상처가 있어도 그 영혼의 소리에 제대로 응답을 못하지는 않는가? 분주하다는 이유로 다른 일에 얽매여서 좀처럼 시간을 내지 못하지는 않는가?

이렇게 우리의 영혼이 건강하지 못하고 점점 피폐해져 가는 이유 가운데 하나는 바로 게으름 때문이다. 또 다른 이유로는 소심함도 있다.

성격이 밝다고 하는 사람들은 대체로 직설적이지만 뒤끝이 없고, 마음 속에 잠재된 병적요소가 덧나기 전에 밖으로 토해낸다. 그러나 소심한 사람들은 아픔이 있고 타인의 도움이 절실히 필요한 시점에서도 도와줄 사람을 찾기보다 혼자서 더 심하게 앓는 길을 택한다. 모든 사람은 무리를 지어 서로에게 의지하며 사는 존재로 만들어졌고, 그래서 남을 도와줌으로써 스스로의 외로움이나 아픔을 상쇄시켜야 하는데, 소심한 사람들은 위로가 절실하게 필요할 때도 남에게 폐를 끼치지 않고 홀로 해결해야 한다고 생각한다.

이처럼 우리의 영혼을 제대로 성장시키고 안정시키지 못할 때, 그것은 겉으로 표출된다. 그 결과가 바로 집중력의 약화와 산만한 행동이다.

그렇다면 건강한 영혼을 만들기 위해서 해야 될 것은 무엇인가?

제일 먼저 해야 할 일은 삶의 목적을 분명히 하는 것이다. 목적은 행동에 대해서 평가를 할 수 있는 준거점이 된다. 우리는 목표를 향해서 길을 제대로 갈 때는 갈등하지 않는다. 어려움을 느끼거나 혼란해 하는 것은 목표를 이루는 과정에 난관이 있다거나 회의가 들기 때문이다. 거창하게 신이 우리를 지구에 보내신 목적도 좋고, 이 땅에 태어나서 나라와 민족이 부여한 사명도 좋고, 이타적이지 않고 개인적으로 삶을 사는 이유라고 해도 좋다. 다시금 자신의 삶의 목적을 분명히 하고 재확인하는 작업이 필요하다. 왜냐하면 그 목적을 통해서 우리의 삶이 성공적인지 아닌지를 알 수 있으며 자신의 존재이유를 알게 됨으로써 의미 있는 삶을 살 수 있게 하기 때문이다.

다음으로 해야 할 일은 영혼의 감각을 키우는 것이다. 우리는 신체의 변화에 대해서 민감하게 반응한다. 어딘가 부딪치면 아프고 거울을 통해서 얼굴의 변화를 깨닫고 운동을 통해서 몸이 달라지고 있다는 것을 느낀다. 이처럼 우리가 신체의 변화에 민감하듯이 영혼의 상태에 대해서도 민감하게 살펴봐야 하는 것이다. 그러나 이것은 쉽게 되지 않는다. 마치 시력의 정도와 주변의 환경에 따라서 무언가는 잘 보거나 못 보거나 하는 것처럼, 영혼의 눈도 깨끗한 상태로 빛 아래서 봐야 제대로 보이기 때문이다. 스스로의 마음이 잘 열리는 시간을 택해서 영혼의 상태가 어떠한지 살펴보고, 그 영혼이 무엇을 말하고 있는지 잘 들을 수 있어야 한다. 영혼의 욕구가 무엇인지, 얼마나 영혼이 결핍되어 있는지 아는 데 촉각을 세워보자.

끝으로 영혼을 키우는 것이 필요하다. 사람들 중에는 제 나이에 맞게 행동을 하기 위해서 우리의 속 씀씀이도 겉만큼 자라야 하는데 그렇지 못한 사람들이 있다.

이렇게 신체적으로는 성장했지만 속없는 짓을 하는 사람을 우리는 철없다고 말한다. 철없는 사람이 되지 않기 위해서는 어떻게 해야 할까? 영혼을 잘 먹여서 성장시키는 것이다.

영혼은 말과 또 그 말이 축적하는 이미지로 영양을 공급받으며 살아간다. 우리가 먹는 음식이 신체를 결정해주는 것처럼, 영혼의 양식으로 어떤 것을 먹느냐에 따라 영혼도 달라진다. 영혼은 상상력과 꿈을 먹으며 더럽고 추한 것보다 선하고 아름다운 것을 선호한다. 특히 가장 좋은 양식은 '감동'이다. 영화나 그림을 감상하고, 책을 읽으며, 음악을 들으면서, 다른 사람을 도울 수 있다면 오감을 통해 감동을 경험할 수 있을 것이다.

미국 조지아 주의 중부지역을 여행하다보면 숲에서 칡덩굴로 완전히 뒤덮여 있는 나무들의 모습을 흔히 볼 수 있다. 푸른색 잎사귀가 무성한 이 덩굴이 나무나 작은 집 한 채를 완전히 덮어 버린 경우도 종종 있다. 땅에 적절한 수분을 제공하고 황폐함을 막아주던 덩굴이 거대해져서 나무의 성장을 막고 나무의 진정한 모습을 가리는 역할을 하는 것이다. 우리의 영혼도 이와 같다.

우리 영혼에 유입되는 여러 가지 사안들을 제대로 건져내어 가지치기나 정리를 하지 않는다면 우리 눈앞에 보이는 무수히 많은 덩굴로 인해서 우리는 깨끗한 본성을 찾기 힘들어진다.

성경에서는 "입으로 들어가는 것이 우리를 더럽게 하는 것이 아니라 입에서 나오는 것이 사람을 더럽힌다."라고 말한다. 즉 우리의 영혼은 들어오는 것에도 영향을 입지만 반응하는 것과도 상관이 있다는 말이다. 욕을 잘하는 사람의 경우, 아동기에 주변 환경을 통해 들어서 모방하는 것에서 시작하나, 자신이 계속 욕을 내뱉게 되어서 그런 환경을 스스로 만들어 그 환경 속에서 성장해 결국 욕을 잘하는 사람이 된다. 따라서 우리의 영혼이 유익한 환경에 노출되는 것도 중요하지만, 그와 동시에 좋은 반응을 보여야 유익한 환경을 만날 수 있다는 것도 알 필요가 있다.

4. 심신의 안정으로 이루는 협상

협상을 눈앞에 두고 있는 사람은 '잘 준비해야 해.'라는 부담감에 시달리고, 준비가 철저히 했다고 하더라고 '실패하지는 않을까?' 하는 불안감을 가지게 된다. 특히 이것은 협상의 경험이 부족한 사람이나 어떤 결론으로 협상을 꼭 타결시켜야 하는 입장에서는 더욱 그럴 것이다. 그러나 적절한 긴장감을 넘는 이러한 초조감은 협상을 엉망으로 만들고 급기야는 자신의 의사를 제대로 말해보지도 못하고 좋지 못한 결과로 협상을 끝맺게 된다.

따라서 협상에 임하는 사람은 안정을 유지하면서 협상을 진행시켜야 한다. 사람이 안정적이라고 느낄 때는 생각과 정서가 자유로우며 신체적인 안전이 유지될 때다. 흔히들 너무 깊게 생각하지 말고 편한 마음을 가지라고 한다. 그러나 협상은 우리의 중요한 일이기에 이러한 긴장이 풀린 자세는 진정한 의미의 안정이라고 할 수는 없다.

심신의 균형을 이루면서 협상을 안정적으로 이끌어가기 위해서 우리가 생각할 몇 가지가 있다.

첫째는 자유로운 생각을 하라는 것이다. 협상은 간단히 합의서만 교환할 정도로 손쉽게 끝나는 것보다는 타결시한까지 밀고 당기고 샅바잡기를 하는 경우가 더 많다. 그래서 협상이 지루해지고 난항을 겪고 있을 때는 잠시 정회를 하고 즐거운 생각을 함으로 자신을 환기시킬 필요가 있다. 지난번 휴가 때 해변에서 일광욕을 하던 일이나 낚시하면서 느꼈던 손맛을 생각해 보자. 가족과 있었던 즐거운 경험이나 새로운 체험을 위해 구상하고 있던 계획을 상상으로 미리 점검해보자. 협상 전이라면 협상에서 있을 수 있는 진행 시나리오를 가지고 생각 속에서 리허설을 그려보자. 좋은 일이 일어나리라고 생각하면서 협상이 끝난 결과에 대해서 그려보는 것도 좋다. 중요한 것은 협상이라는 한정된 시간과 좁은 틀 위에 자신의 생각을 고정시켜서는 안 된다는 것이다. 협상의 결과가 어떠하든지 간에 더 좋은 기회가 나를 위해 남아 있다고 생각하면, 좀 더 여유롭게 협상에 임할 수 있으며, 협상은 더 나은 방향으로 결론이 날 것이다.

둘째는 즐기는 마음으로 임하라는 것이다. 우리는 목적달성에만 관심을 가지며 그 과정이 어떠하든지 개의치 않는다고 말한다. 그러나 과정이 순탄하지 않으면 결과가 유리하게 귀결된다 하더라도 협상 당시에 생긴 앙금은 쉽사리 사리지지 않는 법이다. 특히 협상에서 대상자가 우리를 무시하거나 협박을 하거나 속임수를 사용하는 것이 눈에 띄게 될 때에는 견딜 수 없게 된다. 그래서 협상하는 것이 무의미하다는 생각이 들고 협상을 중단하거나 자리를 박차고 나가고 싶은 생각이 들기도 할 것이다. 그러나 이러한 행동은 결국 상대로 하여금 모든 협상의 실패에 대한 원인을 우리에게 떠넘길 수 있는 비난의 요소를 추가하는 것밖에 안 된다. 상대하고 싶지 않은 사람을 만나서 말도 안 되는 이야기들을 듣고 있다면 감정이 상할 수밖에 없다. 그러나 협상 대상자와 협상문제를 동일시하지 말고 나눠서 생각하면 잠시 감정을 완화시킬 수 있다. 이것보다 더 좋은 방법은 협상의 결과에 연연하지 말고 그 협상 자체를 즐기는 것이다. 즐거운 마음으로 협상한다면 협상 대상자의 관계가 변화되어 의외로 쉽게 협상이 타결될 수도 있으며, 이 협상을 통해서 다음 협상에 대한 조언을 얻을 수 있기 때문이다. 더 나아가 상대방으로 하여금 우리에 대한 오해를 적게 만들어 협상 대상자가 자신의 내면의 욕구를 말하도록 해주기도 한다.

셋째는 활기찬 몸을 만드는 것이다. 위 속이 오랫동안 비면 두뇌활동이 위장에 음식물이 있을 때보다 활발하지 못하다는 것이 정설이다. 그리고 우리는 흔히 큰일을 앞두고 고기 같은 단백질로 영양을 보충해야 힘을 쓸 수 있는 것처럼 생각한 적이 많을 것이다. 사실 단백질은 직접 우리 몸에 영향을 주는 데는 분해하는 시간이 오래 걸리므로 단기간에 있어 효과를 보기 위해서는 탄수화물이 더욱 권장할 만하다. 여러 가지 곡물이 섞인 적정량을 위에 부담이 되지 않을 정도로 섭취하는 것이 좋다. 특히 아침식사를 하는 습관은 지식습득력, 기억력, 성장촉진에 중요한 역할을 한다고 한다. 물론 이것은 개선된 수면환경에서 쾌면을 취하고 쾌변을 통해서 우리의 장기를 비게 만든 뒤 채우는 것이 당연하다. 결국 우리는 안정적으로 협상에 임하기 위해서 우리의 몸 상태를 최상으로 만드는 데 심혈을 기울일 필요가 있다는 것을 알 수 있다.

심신을 안정시키는 법

① 여러 각도에서 자유로운 생각을 한다.
② 즐기는 마음으로 협상에 임한다.
③ 적당한 영양 공급으로 최상의 몸 상태를 유지한다.

가치의 균형

1. 우리 삶 속에서 가치란 무엇인가?

가치란 어떤 대상이 지니고 있는 쓸모 있음을 말한다. 그 대상이 인간과의 관계에 의해 지니게 되는 중요성을 나타내는 척도라고도 할 수 있다. 우리가 무엇을 믿고 있으며, 무엇을 지지하며, 무엇을 중요하게 생각하느냐에 있어서 그 '무엇'(가치)을 근거로 모든 것을 평가한다.

여기에는 두 가지 요소가 함축되어 있다. 하나는 절대적이고 독립적인 가치가 있는 것이 아니라 다른 어떤 사물과 연결되어 그것을 다른 재화와 교환하거나 쓰임에 따라서 상대적인 가치가 형성된다고 하는 것이다. 또 다른 하나는 가치를 기준으로 평가하는 관습은 잠재적으로 우리의 행동양식과 사고, 일상생활의 모든 결정과 선택에 있어서 중요한 기준으로 작용하게 된다는 것이다.

첫 번째 사항에 있어서의 가치는 시간과 공간의 변화가 일어나는 것에 따라서, 즉 때에 따라서 그 가치의 값이 달라진다고 하는 것이다. 현재 우리나라에서는 오르는 유가에 의해 경제적으로 어려움을 겪지만,

베네수엘라에서는 리터당 33원으로 기름이 물보다 싸다. 반면에 터키의 경우는 3,000원이 넘는 가격으로 우리보다 더 많은 돈이 필요하다. 심지어는 우리나라 주유소도 지역에 따라서 가격의 차가 리터당 200원 이상 되는 경우도 있다. 이런 간극은 시간에 따라 달라져왔고 앞으로도 달라질 것이다. 그러나 만약 우리나라에서 물로 가는 자동차를 만든다면 기름 값이 내려가는 일은 시간문제일 것이다. 또 물 부족 국가면서 산유국인 나라는 자동차 연료가 물보다 싸거나 비슷한 가격으로 거래된다. 같은 생수 한 병도 사막에서와 강가에서 그 가치의 차이가 있듯이 가치란 상대적으로 그 값이 변한다.

두 번째 사항에서의 가치는 살아가면서 의식을 하든지 하지 않든지간에 우리의 언어와 행동을 통해 가치가 평가된다는 것이다. 성경에서는 "비판을 받지 아니하려거든 비판하지 말라."라고 한다. 이 말은 현상학에서 말하는 '판단중지'(Epoke)나 우리의 가치 판단을 유보하라는 뜻이 아니다. 자신을 돌아보지 못하고 편견에 사로잡혀서 평가하지 말라는 말이다. 우리 개개인에 대한 평가는 알게 모르게 이루어진다. 위의 성경구절 하나만 놓고 보더라도 우리는 이 말의 진위는 무엇이고, 이 말대로 따라야 하는지 말아야 하는지를 가지고 그 가치를 논하게 된다. 이것은 우리가 슈퍼마켓에 가서 포도를 고르면서 가격대비 맛과 품질에 대해 다른 것과 비교하고, 매장에서 살짝 본 아가씨가 예쁜지, 키가 큰지, 몸매는 어떤지에 대해 이러쿵저러쿵 생각하게 되는 것이다.

그리고 우리가 내리는 이러한 가치평가는 주관적이지만 절대적으로 주관적일 수는 없다. 그것은 우리는 가치로부터 독립적일 수 없고 가치로부터 독립될 수도 없기 때문이다. 쉽게 말하면 "물건 값이 싸다

비싸다.", 혹은 "여자가 예쁘다 예쁘지 않다."를 평가하는 것은 주관적이지만 절대적이지 않고 비교적으로 평가를 한다는 것이다. 그것은 우리가 평가를 내리는 가치는 개인 혼자서 만든 것이 아니고, 사회에서 형성하는 공통된 가치의 영향을 입으며 형성된 것이기 때문이다. 따라서 개인적으로 가치를 판단하지만, 그 판단하는 근거의 선악은 공동체의 가치에 영향을 입는다는 것이다. 즉, 개개인의 가치 판단이 사회로 나올 때는 그 기반이 보편적인 가치관과 관계를 가지고 도출된다.

이러한 것은 가치가 지니는 의미를 통해서 볼 때 가능하다고 할 수 있다. 다른 사람과 똑같은 것을 놔두고 볼 때 그것에 대한 가치 평가는 다를 수 있다는 것이다. 그리고 각 개인의 가치가 보편성을 띄고 있다면, 다수의 사람이 그것의 가치를 평가 절하한다고 하더라도 충분히 견지할 가치가 상존한다는 사실도 생각해야 한다. 또한 하나의 가치와 다른 가치가 서로 대립적 촉각을 세운다고 보더라도, 각각의 가치가 서로 중요성이 높다고 할 때 하나를 선택하고 다른 하나를 포기하는 것보다는 두 가지의 가치가 병존하는 방향으로 선택하는 것이 고부가가치를 형성한다.

통계에 따르면 인생에서 소중하게 생각하는 가치대상을 종합적 차원에서 보았을 때, 다수의 사람들이 직장과 가족이 중요하다고 보았다고 한다. 그것은 인생의 대부분의 시간을 우리가 가정과 직장에서 사용하기 때문일 수도 있다. 또는 우리의 삶의 대부분이 일과 관계된 행동을 하거나 가족과 관련된 일을 하는 데 소요되기 때문일 수도 있다. 어쨌든 다수의 사람들이 중요하다고 본 바에 따라, 우리 삶에서 지대한 영향을 끼치는 가치대상인 직장과 가정의 문제를 생각해보기로 하자.

2. 직장과 가정은 어떤 의미를 갖는가?

성인이 된 인간은 보통 직업을 선택하게 된다. 우리가 직업을 선택하고 직장을 가지는 이유는, 첫째로 생계유지의 기본수단이기 때문이다. 직업은 생활에 필요한 경제적 소득을 얻는 생계의 근거가 된다. 생존에 필요한 의식주의 조건을 마련하기 위한 생산적 활동의 근간이 직업과 직장인 것이다.

둘째로 직장은 경제적 보상을 제공한다. 그리고 그 대가로 종사자들에게 업무수행을 요구한다. 즉 직장생활을 하게 되면, 소득을 얻는 대신 업무수행의 의무가 따라오게 된다. 그리고 그 평가 결과에 따라 진급이나 월급인상과 같은 다양한 보상을 받게 된다.

셋째, 직장은 자신의 능력을 발휘하는 자기실현의 장이기도 하다. 생존과 생활에 필요한 경제적 소득을 얻는 곳으로써의 소극적 의미를 넘어서, 자신의 개성과 능력을 발휘해서 자신이 추구하는 목표와 가치를 실현하는 곳이다. 말하자면 직장은 인생에 있어서 자기실현이라는 적극적 의미를 지니는 곳이다.

그래서 우리는 직장에서 사실상 인생의 가장 많은 시간을 보내고, 대부분의 시간을 일을 하는 데 사용한다.

실제적으로 우리가 일을 해야 하는 가장 기본적인 이유는 경제적인 문제라고 볼 수 있다. 생계를 위해서라든지, 혹은 가족을 부양하기 위해서라든지, 아니면 자신이 하고 싶은 것을 하거나 가지고 싶은 것을 사기 위해서라도 어느 정도 경제력이 있어야 한다. 아무리 중요하고 좋은 일이라도 생계에 전혀 도움이 되지 않는 일을 계속할 수는 없을 것이다. 그렇지만 또한 생계에 도움이 된다고 해도 3D 업종이라고 부르는 일에 자의로 평생을 매진하는 사람은 드물 것이다. 그것은 자신의 전문성을 보장받고 타인에게 인정도 받고 물질적 보상도 좋으면서 동시에 사회적으로 품격이 있다고 생각하는 일을 할 때, 인간은 더 큰 만족감을 느끼기 때문이다.

가족은 사회를 구성하는 기본단위로써, 모든 사람은 가족의 구성원으로 살아가고 있으며, 우리가 자연스럽게 사용하는 중요한 단어 중 하나이다. 건강한 사회와 문화를 만드는 기본이 건강한 가정에 있다고 하는 것은 논증할 필요가 없는 이야기이다. 비록 현실적으로 이혼율이 증가하고 편부모나 결손가정이 늘어가고, 미혼모에 의한 출산율이 갈수록 높아진다고 하더라고 가족이 주는 의미와 가정의 가치는 결코 약해질 수 없다. 연구결과에 의하면 서로에게 충실한 부부는 성적(性的)으로 자유분방한 부부보다 오히려 육체적으로도 만족도가 높다고 한다. 또 결혼하지 않은 사람들, 별거 중인 사람들, 이혼한 사람들, 사별한 사람들, 미혼인 사람들보다 결혼한 사람들이 삶에 있어서의 만족도가 높은 것으로 나타났다. 그리고 화목하고 안정된 가정의 자녀는 그렇지 못한 가정의 자녀보다 인생에서 성공할 확률이 높고, 신체적으로 건강하며 정신적으로 건전하고, 경제적으로도 안정되어 사회에서 별다른 문제를 일으키지 않는 것으로 보도되고 있다. 또 친척들을 비롯해서 가족들의 애정과 도움을 받은 자녀들이 어려운 일을 당했을 때 슬기롭게 극복한 예도 있다.

대부분의 사람은 직장을 사회에 공헌하는 곳으로, 가정을 잠을 자며 쉬는 곳으로 생각하고 있다. 직장에서 지친 몸을 이끌고 퇴근을 했을 때, 누구나 집에 가면 어떤 문제도 없고 가족들 모두 웃는 모습으로 반갑게 반겨줄 것을 기대한다. 그리고 가정에서 우리의 피곤한 심신을 회복하고, 그다음 날 재충전된 상태로 직장을 향해서 발걸음을 옮길 것을 기대한다. 사람들 중에는 자녀를 양육하는 것이 어렵고, 집안을 깨끗하게 유지하는 것이 보통 일이 아니며, 원만한 부부관계를 유지하는 것도 쉬운 것이 아니라고 생각하면서도 가정에 신경을 그다지 기울이지 않고 그저 잘 될것이라 생각하는 사람들도 있다. 이것은 명백히 잘못이라고 할 수 있다. 문제가 있는 가정이면서도 문제가 없는 것처럼 생활하거나, 자신은 어떤 노력도 기울이지 않으면서도 가정에 대한 기대감은 높고, 그 책임은 정작 다른 가족들에게 돌리거나 비난하는 것은 더욱 큰 잘못이다.

이러한 것을 해결하기 위해서는 직장과 가정에서의 문제가 병기(倂記)된 일이 아니며, 대립적으로 이해할 것도 아니라고 생각하는 것이 시급하다. 오히려 원만한 가정생활을 통해서 건전한 직장생활을 할 수 있으며, 이로써 사회에 공헌하는 의미 있는 생을 꾸려나갈 수 있다고 보아야 한다. 즉, 일과 가정을 대립적인 관계로 보지 않고, 서로 도움을 제공해서 함께 발전을 도모해야 하는 것으로 본다면, 직장과 가정 중

한쪽을 택해야 한다는 우선성에 대한 고민은 자연스럽게 해결할 수 있는 실마리를 찾을 수 있게 된다. 가족을 위해서, 현재 가정에서 부족한 점, 필요한 것 등을 생각해보면, 직장에서의 문제 또한 가정과 별개의 것이 아니고 서로 긴밀하게 연결되어 있다는 것을 알게 될 것이다. 그리고 가정에서 필요한 일들이 더욱 관심을 가지고 해야 할 일로 우리에게 다가온다. 여기에 충실하다보면 일과 가정에 동시에 충실히 기여하는 방법을 터득하게 되어 자연히 일도 순탄해질 것이요, 가정도 화목해질 것이다.

물론 여기에도 상황에 따라 예외적인 사건이 생길 수 있다. 우리나라가 식민지 치하에 있을 당시를 생각해보면, 그때는 나라의 주권을 찾기 위한 독립운동을 하면서 자기 가족의 안위를 위한다는 것은 무척 어려운 일이었을 것이다. 또한 국가가 외적의 침입을 받아 이 땅의 젊은 이들이 전쟁터에서 자신의 목숨을 초개처럼 사용하고 있을 때라면, 지도급의 인사들은 노블레스 오블리제(noblesse oblige)에 입각해 자신의 아들 딸을 나라를 위해 희생할 수 있어야 할 것이다. 이렇게 우리는 대의를 무시해서는 안 되고 무시할 수도 없지만, 지켜야 하는 대의의 가치만큼 가족도 소중한 것이라고 생각하고 행동해야 할 것이다.

우리나라의 역사를 생각할 때마다 가슴 아픈 장면이 있다. 그것은 백제의 멸망을 앞두고 최후의 결전을 치루기 위해 전장에 나가기 전에 계백 장군이 '가족들이 적의 포로가 되어 치욕스러운 삶을 사는 것보다, 차라리 자신의 손에 죽는 것이 낫다고 생각하여 가족들의 목을 모두 베었다.'라는 부분이다. 필자가 아쉽게 생각하는 것은 그의 충절과 리더십에 대해서는 할 말이 없지만, 가족 개개인의 인생도 중요하다는 사실을 깨닫지 못했다는 사실이다. 물론 이것도 그 당시의 상황 판단이 아니라, 오늘을 사는 현대인의 입장에서 가능한 말이지만 말이다.

3. 직장과 가정에 대한 가치 판단

IMF 시절 우리의 최대 관심사는 당연히 경제적인 부분이었다. 그래서 대다수의 사람들은 직장의 가치를 높게 평가했고, 이 가치를 지키려다 가정이 붕괴된 경우도 많았다. 어언 긴세월이 지난 뒤 사람들은 직장보다는 가정의 소중함을 생각하게 되었고, 경제적 가치의 부분에 있어서도 생활비에 대한 가치보다는 자녀 교육비에 대한 가치에 더 비중을 두기도 했다. 이제 다시 경제적으로 어려운 징후를 보이는 시대에 들어선 지금은 경제적으로도 유익함을 가져오고 가족에게도 신경을 쓸 수 있는 직장에 대해서 사람들이 큰 관심을 가지게 되었다. 그러나 형태적으로 본다면 아직까지도 우리의 정서는 대부분 직장에 더 많은 비중을 둬야 하는 처지이다. 더구나 맞벌이를 선택할 수밖에 없는 상황이 대다수라 아이들에게 전념하는 전업주부를 미덕이라고 볼 수 없게 되었다. 이러한 실정에 비춰서 몇 년 전에 보도된 외신 기사들을 살펴보자.

서부지역 온건파의 지도자격인 인디애나 주 출신의 바이 의원은 그의 5살 난 쌍둥이 아들들과 보다 많은 시간을 보내기 위해 차기 대선에 나서지 않을 것이라고 밝혔다.”고 보도했다. 바이 의원은 “2004년에 대비, 대통령 후보로 출마한다는 것은 앞으로 나의 쌍둥이 아들들을 위해 보낼 약 3년 반이라는 시간을 포기하는 것”이라고 말했다.

부시 대통령은 과거 그의 최측근 정치 보좌관의 한 사람이었던 카렌 휴즈 씨에게 특히 회교권에서 미국의 이미지를 개선하기 위한 책임을 맡겼다. 콘돌리자 라이스 미 국무장관은 최근 과거 부시 대통령의 공보 보좌관이었던 카렌 휴즈 여사를 공공외교 담당 국무차관으로 임명한다고 발표했다. 이로써 카렌 휴즈 여사는 지난 2002년 여름 가족들과 더 많은 시간을 함께 보내기 위해 백악관을 떠난 지 거의 3년 만에 다시 공직 생활로 복귀했다.

가족과 함께 시간을 보내기 위해 공직을 포기한다는 것은 우리나라에서는 생각하기 힘든 일일 것이다. 많은 사람들이 현실적으로 직업과 직장의 가치를 우선시할 수밖에 없고, 특히 고위급 공직이라 하면 사회적으로도 존경받고, 대다수의 사람들이 최고의 가치를 매기기 때문이다. 이런 현실 속에서 가족을 위해 공직을 잠시라도 떠날 수 있는 저들의 용기는 실로 높게 평가받아야 할 것이다. 하지만 여기서 우리가 좀 더 생각해야 할 것이 있다. 과연 가족을 위한다는 것이 자신의 직업을 포기한다는 것과 동일시될 수 있는가이다.

많은 직장인들이 가족을 위해서 일을 한다는 명분으로 직장에서 대부분의 시간을 보내며 자신들은 가정에 충실하다고 생각을 하는 경향이 있다. 자신이 일 중독증에 걸린 것도 모른 채, 야근은 기본이고 휴일에도 근무하는 것을 "난 가정의 평안을 위해 일해."라며 자랑스럽게 생각하는 사람도 있다. 물론 이런 사람들의 행동은 잘못된 가치 판단으로 인한 것이다. 하지만 반대로 생각했을 때도 문제가 있다. 만약 아이의 발표회를 보거나 일일교사로 봉사하기 위해 조퇴를 한다고 말하면, 우리의 직장에서는 우리를 어떻게 볼까? 그리고 이런 사항으로 말을 꺼낼 수 있는 직장인은 얼마나 될까?

우리는 미래에 더 많은 시간을 가족과 함께 여유롭게 보내기 위해서 오늘은 열심히 직장에 충실해야 하며, 이러한 우리의 사정을 가족들은 이해해야 된다고 생각한다. 그리고 직장에 충실하려면 아무래도 가정 일은 소홀히 할 수밖에 없으며, 성공하는 직장인이라면 이 두 가지를 다 잘할 수는 없는 것이라고 생각한다.

이렇게 둘 중 하나를 선택하려고 하다 보니, 몸은 하나밖에 없고 한정된 시간 속에서 갈등을 느끼게 된다. 이것은『장한몽』에서 자신과 김중배를 놓고 갈등하는 심순애를 향한 이수일의 외침을 생각나게 한다. "사랑을 따르자니 나 이수일에겐 황금이 없고, 돈을 따르자니 김중배에겐 애정이 없더란 말이오!"

그러나 이러한 갈등 구조 속에서의 성급한 선택은 '사랑에 울고 돈에 속는' 결과를 가져온다. 직장과 가족에 대한 양자택일의 구조, 이것은 바로 우리의 직업과 가정은 서로 상극관계가 된다고 보는 우리의 왜곡된 가치관에 의해서 생긴 것이다. 그동안 우리가 일을 희생해야 가정에서 만족을 느끼고, 가족이 희생해야 직장에서 성공을 할 수 있다는 잘못된 가치관을 가진 탓이다.

4. 직장과 가정 사이에서의 균형 잡기

우리는 직장과 가정의 문제는 서로 떨어져 있는 별개의 요소가 아니라 복잡하게 얽혀 있는 요소이며, 때로는 어느 한 요소에 치중하거나 더 많은 관심을 둘 수도 있겠지만 결코 양자택일로 해결되기는 어려운 것이라는 것을 알게 되었다.

현재 큰 기업의 경영자들도 이러한 점을 인식해 직원들이 직장에만 충실하기를 요구하지 않고 각자 원만한 가정생활을 꾸려 나가도록 회사에서의 지원을 통해 생산성을 극대화하는 방법을 찾고 있다. 이것은 건강한 가정을 가지고 있는 직원이 업무수행에 있어서 더 뛰어나다는 것을 깨달았기 때문이다. 다음에 나오는 2008년 3월 〈인재경영〉에 실린 조윤혜의 글은 이러한 세태를 반영한다.

> 주 40시간 근무제 도입, 정부의 정책 지원, 여성 인력 및 신세대의 경제 활동 참여 증가와 맞물려 일에 대한 가치관의 변화 및 환경 변화가 가속화되고 있다. 이에 따라 대기업뿐 아니라 중소기업에서도 눈에 띄게 유연근무제, 원격근무, 자기 계발 지원, 문화생활 지원을 비롯하여 종업원 상담제도(Employee Assistance Program), 기혼 여성의 출장 시 유아 일일 탁아(day care) 비용 지원을 포함하는 육아 지원 제도 등의 직장/생활 균형(work/life balance)을 위한 프로그램을 앞다투어 도입하고 있는 실정이다. 그러나 이러한 지원 프로그램이 단순한 트렌드나 구호가 아닌 회사의 성과 향상이라는 궁극적 목적 달성을 위해서는 직장/생활 균형(work/life balance)을 실현할 수 있도록 하는 기업 내의 문화적 기반 조성과 구성원의 욕구(needs)에 부합하는 프로그램의 도입이 필수적이라 하겠다.

이제 우리는 직장과 가족의 문제에 있어서 그것들의 중요한 가치들을 서로 인정하며 둘을 모두 살릴 수 있는 방안을 심도 있게 모색해야 할 시점에 있다. 이를 위해서 준수해야 할 원리들이 몇 가지 있다.

1) 주도적 자세 : 어떤 일이나 문제가 생겼을 때 흔히 저지르는 실수는 그 원인을 남의 탓으로 돌리는 것이다. 자신의 책임을 도외시하고서 제일 먼저 생각하는 변명은 환경이나 주변 사람의 문제로 인식하는 것이다. 스티븐 코비는 『성공하는 사람들의 7가지 습관』에서 '주도적 자세'를 첫 번째 습관으로 주장했다. 주도적 자세를 갖는다는 것은 자신의 일과 자신의 사고, 감정, 행동, 삶에 대해서 책임을 지고, 그때그때의 감정이나 상황에 민감하게 반응하지 않고, 원칙 및 가치에 따라 행동하며, 자신이 영향을 미칠 수 있는 것에 시간과 에너지를 집중하고, 자신이 할 수 없는 것에는 신경을 쓰지 않는 것을 말한다.

신학자 라인홀드 니버(Reinhold Niebuhr)의 '평온을 위한 기도'(Serenity Prayer)를 보면 우리에게 필요한 것이 무엇인지 알 수 있게 된다.

"하나님, 내가 변화시킬 수 없는 것들은 묵묵히 받아들일 수 있는 마음을 주시고, 변화시킬 수 있는 것들은 바꿀 수 있는 용기를 주십시오. 그리고 무엇이 변화시킬 수 없는 것이며, 무엇이 변화시킬 수 있는 것인지 구분할 줄 아는 지혜를 주십시오."

주도적 자세를 가지고 있는 사람만큼 기업이나 조직에 뛰어난 자산은 없다. 우리의 가정에서도 문제를 보고 생각하며 해결하려는 의지를 가지고 상황을 변화시키는 주도적인 사람이 필요하다.

주도적인 사람이란 스스로 자신을 사태에 대한 책임자로 보고 책임감 있게 능동적으로 일을 처리하는 사람이며, 변화될 수 없는 현실에 집착한 나머지 그것만을 원망하며 모든 것을 상황 탓으로 돌리는 실패자는 아닐 것이다.

2) 비전 세우기 : 우리는 어려서부터 학교나 사회라는 여러 공동체 모임에 참여하면서 성장하는 것을 자연스럽게 생각하면서 자랐다. 우리가 경험하고 참여하는 모임은 그 규모가 어떠하든지 그 모임의 목적을 가지고 있다. 그래서 학교에서 급훈이나 교훈을 만나고, 동아리나 단체에서 창설취지문을 읽으며, 심지어는 군에서도 지휘자 복무수칙을 외우고, 직장에서는 사훈을 만나는 경험을 한다. 그러나 방문하는 가정이나 찾아가는 이웃집, 친구 집을 가게 되면 거실에 커다란 사진이나 그림 액자는 걸려 있어도 그 집에서 소중히 생각하는 가치관을 알 수 있는 흔적을 볼 수 있는 기회는 별로 없다.

가족들을 가정의 구성원으로서 효율적으로 통제하거나 서로의 의견을 조정하거나 단합된 행동을 할 수 있는 방법은, 바로 비전을 세우는 것이다. 모든 가족 구성원들의 마음에 공통된 비전 및 가치를 심는 것은 매우 중요하다. 공통된 가치와 비전이 없으면 가족들은 저마다 자신이 추구하는 바에 따라서 각자의 가치에 따라 제멋대로 갈라져 길을 가게 되기 때문이다. 즉, 비전이 없다면 부모들이 하는 일을 자식들은 인식하지 못하고 귀중하게 생각하지 않을 것이다. 또 서로가 자기의 일을 우선적으로 해결하려고 해서 가족 모두가 공유해야 할 것들에 대해서 관심을 가지지 않을 것이다.

따라서 작게는 가족들이 중요하게 생각하는 가치를 나타내는 가훈이나 특별히 가족으로서 해야 할 일을 적은 '가족사명서'를 작성하는 것이 필요하다. 가족사명서는 가족 구성원들에게 가족의 의미를 되새기게 하고 서로 의지하고 협조해야 한다는 점을 깨닫는 토대가 된다. 또한 가족 개개인의 결정과 전체의 결정을 평가하는 합리적 잣대가 되어서 가족들을 더욱 뭉치게 하는 도구가 되기도 한다. 가족이 모여 시간을 들여, 저마다의 의견을 개진하고 이를 통해 드러나는 공통된 바람들을 모아서 가족사명서를 만들면, 자연히 직장의 일도 가정을 위한 일이라는 것을 인식하게 될 것이다.

3) 공유하기 : 옛날 사람들은 남자의 일과 여자의 일을 이분법적으로 생각했다. 그리고 집 바깥의 일과 집 안의 일은 서로 불간섭하는 것으로 생각했다. 그러나 현대사회에서는 남녀의 일과 부부의 일을 서로 다른 양상으로 취급하지 않는다. 이 말은 기능과 능률의 차이가 있다는 것이지, 성별의 차이로 일의 중요도를 결정하지 않는다는 것이다. 그래서 중요한 것은 일의 종류가 아니라, 일에 대한 명확한 논의와 업무 분담 그리고 강한 책임감이 필요하다.

만약 제대로 된 논의를 하지 않고 적절한 책임이 주어지지 않는다면, 집안일을 소홀히 취급하고 이는 곧 갈등을 일으키는 원인이 된다. 월말에 고지서는 누가 내며, 쓰레기는 누가 치울 것인가? 화초에 누가 물을 주고, 개밥은 누가 챙길 것인가? 누가 설거지하고, 빨래는 누가 할 것인가? 누가 아기기저귀를 갈아주며, 놀이방에 맡긴 아기는 누가 데리고 올 것인가? 학부모 회의는 누가 참석하고, 아이 발표회에는 누가 가서 축하해 줄 것인가? 이런 것들을 사소한 일이라고 방기(放棄)하지 말고, 정확히 역할분담을 하는 것이 좋다. 만약 아이들도 참여할 수 있다면 그들에게도 적당한 가정 일을 맡기는 것도 좋다. 부모는 자녀에게 일을 분담시킴으로써 자녀들이 세상을 살아가면서 어떤 일을 하게 되든, 자신에게 좋은 결과를 가져다주는 기술을 개발하고 긍정적인 성격을 함양할 수 있도록 도움을 제공할 수 있다.

기회가 된다면, 아이들을 우리의 직장에 데리고 가 보는 것도 좋다. 가서 일의 공정과 함께 일하는 사람을 보면서, 가족들을 위해 부모가 무슨 일을 하는지 알 수 있도록 하는 것이다. 경우에 따라서는 직장에서의 업무와 관련된 프로젝트에 가족을 참여시키는 것도 좋다. 가족들의 소질이 저마다 다를 수 있으니, 아이디어를 제공받거나 자신에게 부족한 것에 대해서 도움을 받을 수도 있다. 그리고 도움을 받아서 일을 성공적으로 처리했을 때, 가족에 대한 감사의 표현이 가족들의 긍지를 높일 수도 있으니 일거양득이다.

결론적으로 우리는 일에 미친 사람이 아니라 집에서나 직장에서 균형 잡힌 사람으로서 사회에서 성공한 사람이 되어야 할 것이다.

5. 다양한 가치구조 속에서의 협상

우리가 협상을 하는 이유는 무엇일까? 그것은 바로 협상을 통해서 이익을 얻을 수 있다고 보기 때문이다. 만약 손해가 예상된다면 협상할 필요가 없다. 또 협상을 하지 않는 것이 더 큰 이익이 된다면 굳이 협상을 할 필요가 없다. 표면적으로 상호이익의 극대화라고 하지만, 기본적으로 어떠한 형태로든지 나에게 있어 이익이 되어야 협상에 임할 수 있는 것이다. 이런 맥락에서 협상에서의 가치 판단의 시금석은 이익산출로 봐야 하는 것이 틀림없다. 그러면 여기서 이익이라는 것을 어떤 의미로 보느냐 하는 것이 문제가 된다. 이익이란 기업의 입장에서 볼 때, 사용 경비를 제외하고 남은 이윤을 가리킨다. 그러나 여기서 중요한 것은 그 이익 창출이 한시적인가 장기적인가 하는 것이다.

오래전 통설로 역 앞에 있는 음식점들은 맛이 없어도 괜찮다는 것이 있다. 왜냐하면 손님들의 이동이 빈번한 곳이므로 음식을 먹으러 오는 손님들의 대부분이 타지 사람이며, 한 번 다녀간 손님이 다시 찾아올 확률이 그만큼 낮기 때문이었다. 또한 우리가 관광지나 여행지에서 기념품을 사는 경우에 무엇을 가치의 기준으로 삼느냐 하면, 그것은 가격이라고 할 수 있다. 사는 입장에서는 어디서 만들었는지도 모르며 제품의 적정 가격도 모르기 때문에, 무작정 깎아서 남보다 덜 주고 사면 거래를 잘 했다고 생각할 수밖에 없다. 그리고 다시 그 가게를 찾아갈 경우도, 그 가게 주인과 다시 만날 경우도 없기에 무조건 깎아서 싸게 사는 것이 최선의 선택이었다. 반대로 가게 주인의 입장에서도 한 번 팔면 끝나는 문제이고, 그 물건을 사고 간 뒤 다시 사후 처리를 위해서 재방문할 것도 아닌 손님이기에, 가급적 비싸게 팔아서 많은 이익을 남기는 것이 최선이 될 것이다.

그러나 자주 만나서 거래를 하는 경우는 어떻게 될까? 단골이라고 할 수 있고, 상부상조할 수밖에 없도록 협상해야 하는 경우에는 우리는 어떤 태도를 취할 것인가?

장기적인 안목에서 거래를 판단해 현재는 좀 이익이 적더라도 사업 관계를 계속 유지하고자 할 것이다. 흔한 예로써 일부기업이 약정 요금이라는 것으로 사용할 기간에 따라서 요금을 많이 할인해주는 일도 이와 같은 원리에 근거한다. 또한 일정기간 동안에는 이익이 발생하지 않지만 그 기간이 지난 뒤 나올 이익을 계산해서 거래를 할 수도 있다. 이것은 홍보나 판촉을 위해서, 혹은 더 많은 자사 제품의 판매를 위해서 무료로 사용할 기회를 주거나 사은품을 주는 행위 등이 이에 속한다고 볼 수 있다. 어떤 기업이든지 단골고객이라는 저변이 확보되지 않고서는 활발한 사업을 할 수가 없다. 그래서 앞으로의 거래나 시장성을 위해서 현재의 이익에 둔감하게 대하는 자세가 필요하다.

대기업들이 제품의 품질을 높이기 위해 노력하면서 동시에 애프터서비스의 질도 높이기 위해 애를 쓰는 까닭도, 바로 브랜드의 신용 가치를 높여서 더 나은 거래조건을 만들려고 하는 장기적인 포석이라고 할 수 있는 것이다.

우리가 앉은 협상테이블에 피자 한 판이 있다고 생각해 보자. 이것을 가지고 건너편에 앉은 사람과 협상을 한다면, 협상 목표는 당연히 상대보다도 더 많이 가지는 것이 될 것이다. 즉 상대가 가져갈 수 있는 최소한의 피자 조각만 주고 우리가 가질 수 있는 최대한의 피자를 들고 오는 것이 협상의 목표다. 이것을 상대와 싸워서 더 많은 이익을 쟁취하는 것으로써 '경쟁적 협상'이라고 할 수 있다. 또한 일정한 것을 가지고 더 큰 쪽을 가져와야 하기 때문에 '분배적 협상'이라고도 부른다.

여기서의 관건은 내가 이기면 상대가 져야 하고, 상대가 이기면 나는 협상에서 실패하는, 승패(Win-lose)라고 하는 측면에서 협상을 생각해야 한다는 것이다. 이번의 협상에서는 다행히 승리의 여신이 우리의 팔을 들어 주었다고 다음의 협상에서도 우리가 승리할 수 있다는 보장은 없다. 왜냐하면 상대는 이번의 손실을 만회하고자 다음의 협상을 위해 칼을 갈고 있을 것이기 때문이다. 이런 것을 잘 보여주는 사례가 한국과 중국 간에 있었던 '마늘 분쟁'이다.

우루과이 라운드 이후 농산물 시장의 개방으로 중국의 값싼 농산물이 한국으로 들어왔으며, 그중 마늘은 한국이 가장 큰 수입국이고 중국이 가장 큰 수출국이었다. 그러나 중국산 마늘의 대량수입과 국산마늘의 가격폭락 및 거래둔화 등으로 국내 마늘재배 농가들이 큰 피해를 입게 되었다. 그래서 재정경제부는 1999년 11월 18일 중국산 냉동마늘과 초산조제마늘에 대한 기본관세 30%에 잠정 긴급관세 285%를 더한 315% 관세를 부과하기로 하고, 기간은 200일로 정한다고 발표했다. 2000년 3월 17일에 재정경제부는 중국산 마늘에 대한 긴급 관세 부과(safe guard)를 공식적으로 결정했으며 서울과 북경에서의 두 차례 협상의 결과로 5월 31일에 긴급 수입관세 부과를 최종적으로 결정했다.

이것만 보면 우리 측에 유리하게 협상이 결정되었다고 볼 수 있다. 그러나 이어서 중국은 한국산 휴대폰과 폴리에틸렌에 대해 수입 금지를 내렸다. 그래서 6월 29일 북경에서 재협상이 이루어졌는데, 그 결과 2001년 4월 21일 소진하지 못한 마늘은 한국정부의 부담으로 전량 수입하기로 했으며, 2002년 7월 16일에는 2003년 세이프가드를 해제한다고 결의했으며, 그에 따라 2003년부터는 마늘의 수입자유화가 실시되었던 것이다.

이것을 보면 협상의 규모가 커지면 커질수록 단발로 끝나는 협상은 없다고 볼 수 있겠다. 하나의 협상은 이어지는 다른 협상과 맞물리면서 연결되거나 영향을 끼치게 되는 것이다. 그래서 협상을 하는 사람은 어떤 이익을 가지는 것이 더 가치가 있는 것인가를 생각해야 한다. 물론 종합적으로 잘 판단해서 더 큰 이익을 선택할 수만 있다면 바랄 것이 없겠지만, 협상하는 사람은 자신이 처해 있는 위치와 주변의 이해관계에서 벗어나 큰 이익을 위해서만 협상할 수도 없는 현실적 고뇌에 처한다. 이런 현상은 중국과의 마늘협상을 두고 안세영 교수가 한 말을 통해서 잘 알 수 있다.

"2003년 중국의 한국에 대한 무역부채는 165억 불이었죠. 그런데 중국은 겨우 농산물수출로 30억 불 가량을 메우려 하고 있습니다. 사실 마늘을 주로 먹는 나라는 중국, 일본, 한국 정도죠. 그중 중국은 마늘생산량의 96%를 한국으로 수출하고 있습니다. 그렇지 않아도 한국에 대한 무역 적자 폭이 커서 어려움을 겪고 있는데, 만일 우리나라가 중국산 마늘에 높은 관세로 대응한다면 중국이 보복정책을 구사하리라는 것은 자명하죠. 따라서 무조건 자국 농민을 보호하기 위한 정책을 상대에게 강요할 수는 없어요.

우리나라는 중국에 엄청난 양의 전자제품들을 수출하고 있죠. 특히 휴대폰은 전체의 40%가 중국으로 수출돼요. 만일 중국이 이를 보복의 대상으로 삼는다면 우리로서는 수십억 불이 손해죠. 작은 것을 잃지 않으려다 큰 것을 잃게 되는 것입니다.

반대로 협상가의 입장에서 마늘 관세 인상을 주장하고 싶지 않더라도 협상 외적인 특수한 상황이 그렇게 만들기도 합니다. 자국 농민들이 들고 일어나 사회문 따라서 경쟁적인 협상관계는 잘못하면 '제 살 깎아 먹기'(cannivalism)라는 형태가 될 수가 있다. 그것은 서로가 상대방에게 이익을 더 주지 않으려고 협상하다가 실패를 하게 되면, 그 다음에는 지난번의 실패를 만회하고자 자신에게 유리한 것을 가지고 보복을 하게 되며, 그러다 보면 서로가 손해가 되는 lose-lose의 협상이 되는 것이다. 협상하는 상대를 경쟁적 관계로 보게 되므로 상대방도 우리에 대해서 불신을 가지게 되고, 손해를 입지 않으려고 협상이 결렬될 수도 있어서 끝내 우리는 협상파트너를 잃게 될 수도 있다. 그렇게 될 경우 안정적인 공급처나 수요처를 잃게 되는 셈이다.

앞에서 우리가 협상을 하려는 이유는 이익이 있기 때문이라고 밝혔다. 그렇다면 협상에 임하는 상대방도 우리와 같은 생각으로 협상을 하는 것이 당연하다고 볼 수 있다. 그래서 협상하는 상대를 경쟁적인 관계가 아닌, 협력적인 관계로 생각을 하고 협상을 해야 한다. 그러기 위해서는 이번 협상에서 얻어지는 단순한 이익뿐만 아니라, 향후에 있을 잠재적 이익을 고려해서 협상을 해야 할 것이다. 그리고 상대방이 갖길 원하는 이익이 우리가 취해야 될 이익과 상충되지 않을 때는 원하는 이익을 충분히 줘야 한다.

우리는 흔히 케이크 하나를 놓고서 세 번의 칼질로 8조각을 내라고 하면, 상식적으로는 6토막밖에 안 나온다고 생각할 것이다. 그것은 횡으로밖에 케이크를 자를 수 없다고 생각하기 때문이다. 하지만 깊이 생각해 보자. 횡으로 세 번, 종으로 한 번 자르면 케이크는 8등분 된다. 그리고 크림과 빵이 많은 부분으로 나눠지므로 선택의 폭도 넓힐 수 있다.

이처럼 잠재적 가치를 가질 수 있도록 협상 아이템을 다양한 각도로 보는 것이나 그 크기를 확대할 수 있는 것 등의 방법을 모색함으로써, 서로가 더 큰 이익을 볼 수 있도록 할 필요가 있다. 예를 들면, 가격이 문제라면 대금 지불 시기와 결제 수단 등을 고려해 결정할 수 있으며, 제품의 질이 문제라면 납품의 시기와 가격, 불량률에 따른 사후 조치를 가지고 협상에 임할 수 있다.

따라서 협상에서도 눈앞에 보이는 이익에 대해서 나몰라라 할 수는 없지만, 협상 상대를 협력적인 관계로 만들어서 장기적인 이익을 산출할 수 있는 안목을 겸비해야 할 것이다. 현실적 가치뿐만 아니라, 잠재적 가치의 중요성도 생각해서 우리의 가치의 비중이 균형을 가질 수 있도록 해야 할 것이다.

올바른 가치 판단을 위한 준수 원리

① 원칙을 명확히 세우고 행동한다.

② 주도적인 자세로 문제에 집중한다.

③ 중요 가치를 인식한 비전을 세운다.

④ 여러 사람이 필요한 문제인 경우 명확하게 논의하고 적절히 업무를 분배한다.

⑤ 문제의 한계와 책임을 확실히 해둔다.

1. 사람들은 늘 시간이 부족하다

시간이란 신이 인간에게 주는 가장 공정한 선물이라고 할 수 있다. 사람마다 타고나는 재능은 각자 다르기에 그 재능으로 인해 성공한 인물을 두고 신은 공평치 않다며 한탄하는 사람들이 있다. 하지만 시간은 다르다. 시간은 모두에게 공평한 기회를 제공한다. 물론 각자의 재능이나 소유한 재산의 정도에 따라 시간을 더 잘 활용할 수 있기도 하다.

하지만 우리가 물리적 시간이라고 부르는 하루 24시간, 한 달 30일, 그리고 일 년 365일이라는 한정된 기간은 누구에게나 차별 없이 같은 기회를 준다. 게오르규(Gheorghiu)는 1949년『25시, Vingt - cinquième heure』라는 작품을 통해서 서구사회의 비극으로 인해 몰락하는 인간의 도피된 시간으로써 가공의 시간인 25시를 만들어냈지만, 그것은 현실적으로 존재 가능한 시간이 아니다. 사람은 누구나 자기가 필요한 시간을 필요한 만큼 충분히 사용하고자 하지만 늘 시간의 부족을 느낀다. 시간을 보다 잘 사용하고자 자신의 일의 일부를 기계의 손에 의지하기도 하지만, 기계 문명이 발달하고 고도화할수록 그에 따라 인간이 더 분주해졌다는 사실을 우리의 문명사는 입증해 주고 있다. 하지만 잘 살펴보면 우리는 자투리 시간의 의미를 소홀히 하며 낭비하고 있다. 이 시간들만 잘 활용해도 시간의 부족을 메울 수 있을 것이다.

우리에게 주어지는 물리적 시간이 누구에게나 일정하다고 해도, 사람에 따라서는 그 시간이 길게도 짧게도 인식된다. 특히 그 시간에 발생하는 일의 성격 여하에 따라서 일정시간보다 길게, 혹은 짧게 느낀다. 이 말은 원래는 일정한 물리적 시간이 우리가 의식할 때는 심리적 영향에 따라서 각기 다른 시간으로 우리에게 받아들여진다는 것이다. 그것은 우리가 심리적으로 좋아하는 시간은 지속되길 바라고, 싫어하는 시간은 빨리 지나가기를 바라는 것을 떠올리면 쉽게 이해할 수 있다.

이것은 우리가 무언가를 떠올릴 때를 생각해보면 더 쉽게 이해할 수 있을 것이다. 우리가 기억하고 있는 사건에 걸린 시간이 10년간이라고 하더라도 그것을 회상할 때는 고작 10분이나 1시간 정도면 머릿속에 충분히 다 떠올릴 수가 있다. 살면서 한 번쯤 죽을 뻔했던 경험을 가지고 있는 사람들 가운데는 그 짧은 순간에 지금까지 살아온 과거가 주마등처럼 다 스쳐간다고 말하는 경우도 있다.

기억이란 과거의 일이지만 현재와 연속된 상태로 물리적 시간과는 다르게 우리에게 의식된다는 이야기다. 그런 점에서 시간이란 흐르는 강물과 같이 과거는 연속(連續)과 지속(持續) 속에서 현재와 한 몸을 이루게 되고, 그 현재는 새로이 예견할 수 없는 미래를 창조하기 위해 또 어디론가 흘러가는 것이다. 그리고 같은 시간이라고 하더라도 그 시간이 얼마나 의미가 있었던가에 따라서 그 시간의 중요성과 길이가 다르게 느껴지는 것이다.

짐 크로스(Jim Croce)라는 가수는 'Time in a bottle'이라는 곡에서 이
렇게 노래했다.

> 만약 시간을 병에 담아 모을 수 있다면
>
> 제일 먼저 하고 싶은 일은
>
> 매일 매일을 모아 두는 일이죠.
>
> 영원이 지나갈 때까지
>
> 당신과 그 시간을 함께 보내기 위해
>
> 만약 영원히 세월을 지속시킬 수 있다면
>
> 만약 말만으로 소원을 이룰 수 있다면
>
> 매일 매일을 보물처럼 모을 거예요.
>
> 그리고 역시 그 시간을 당신과 함께 보내겠어요.
>
> 그러나 시간은 늘 충분하지 않은 것 같아요.
>
> 하고 싶은 일들을 하기에
>
> 일단 하고 싶은 일들을 찾으면 말이죠.
>
> 난 충분히 찾아봐서 알아요.
>
> 당신이야말로 내가 원하는 사람이란 걸
>
> 세월을 함께 보내고 싶은 사람이죠.

여기서 짐 크로스는 모을 수만 있다면 시간을 모아서 사랑하는 사람
과 함께 있는(가장 의미 있는) 일에 사용하겠다고 노래한다. 그러나 시
간은 언제나 그랬던 것처럼 누구에게나 공평하게 주어졌지만 충분하

지 않다. 그래서 우리는 돈을 재테크하듯이 시간을 관리해야 할 필요가 있는 것이다.

따라서 시간은 신이 인간에게 넘겨준 가장 귀중한 선물 가운데 하나지만 제한되어 있으므로, 그 시간을 의미 있게 보내기 위해서는 나름대로의 효율적인 사용이 필요한 자산이라고 말할 수 있다.

2. 잘 노는 게 일 잘하는 것이다

일반적으로 사람들이 "오늘 의미 있는 시간을 보냈어."라고 할 때를 살펴보면 주로 일과 관련되어 이런 말을 많이 사용하는 것을 볼 수 있다.

우리는 음주가무나 오락, 도박 등에 시간을 많이 사용하는 사람을 한가한 사람이라고 부르지 바쁜 사람으로 생각하지는 않는다. 이에 반해 일에 몰두하고 있는 사람을 분주한 사람(Business man)이라고 부르며, 가장 가치 있는 것에 시간을 사용하고 있다고 생각한다. 그러나 한량이라고 해서 그들을 천편일률적으로 비난할 수 없다.

한나라를 세운 유방은 시골 농부의 아들로 태어나서 30대 중반이 될 때까지 하는 일 없이 장가도 가지 못한 채 술집을 전전하는 한량이었으며, 그를 도와서 한나라를 세우는 데 공헌한 인물들도 마찬가지였다. 주의 무왕을 도와서 은의 주왕을 정벌하는 데 가장 큰 공헌을 했던 태공망도 문왕을 만나기 전까지 위수에서 낚싯대를 드리우던 한량이었다. 삯일을 하고 품을 팔아서 봉양하던 그의 아내 마 씨도 이러한 남편

에게 견디지 못하고 도망을 갈 정도
였으니 말 다한 셈이다.

물론 여기서 말하고자 하는 것은
건들거리며 노는 사람을 옹호하고
자 하는 것이 아니다. 흔히 사회에
기생(寄生)하면서 다른 사람의 고
혈(膏血)을 짜내며 사는 불한당(不

汗黨)이나 파락호(破落戶) 같은 이들을 두둔할 생각도 없다. 어떤 경우
에는 그런 사람들도 때가 되면 큰일을 하는 경우도 있다고 하는 것이
요, 요즘 같은 시대에서는 노는 것도 일이라는 것을 말하고자 함이다.

흔히들 노는 것은 일이 아니라고 생각하는데, 현대사회에서는 분명
히 노는 것도 일이며, 잘 노는 것도 비즈니스에 필요하다.

아버지가 아들의 생일 파티에 깜짝 선물을 하기 위해서, 혹은 부모님
의 생신 잔치에서 재롱을 피우고자 시간을 들여 마술을 배우고 연습하
는 것이나, 직장 내에서의 사기 진작을 위해 노래방에서 부를 멋진 노
래를 연습하는 것, 상사에게 자기를 각인시키고자 개그맨처럼 개인기
를 준비하는 것도 잘 놀기 위한 일인 것이다.

특히 우리나라도 선진국처럼 주5일 근무제가 확산되고 있는 이 시점
에서 비록 충분한 경제적 뒷받침은 갖추지 못했다 하더라도, 여가시간
이 그만큼 늘어난 것은 괄목할 만한 일이며 이에 따라 여가를 선용하는
것도 중요한 일이 되었다. 즉 여가라는 것은 단순한 일의 마침에서 오
는 휴식기간이 아니라 더 효율적인 일을 하도록 만드는 에너지 충전기
간이다. 또한 일로 인해 돌보지 못했던 자신과 주변을 돌아보는 귀중

한 시간이며, 자신의 삶에 의미를 갖고 일하는 것에 더욱 보람을 느끼게 만드는 중간기착점인 것이다.

원래 여가를 뜻하는 레저(Leisure)라는 말은 라틴어 'licere'에 어원을 두고 있는 말로써 '허락되어지다'(to be permitted) 또는 '자유스러워지다'(to be free)라는 뜻으로 '우리에게 허락된 자유로운 시간'으로 해석하면 적당할 것이다. 그래서 레저는 일에서 벗어난 시간이며 자유로운 시간으로, 내가 좋아하는 활동을 할 수 있는 오직 나만의 시간이며, 휴식을 취할 수 있는 시간으로 설명할 수 있다.

특히 레저의 활동 가운데 레크리에이션이 있는데, 이것은 재창조(Re-creation)를 위해 숨을 고르는 시간으로 생각할 수도 있다. 이런 여러 가지 점에서 여가는 일상적인 일에서 벗어난 시간이지만 어떤 점에서는 그 일의 연장선상에서 생각할 필요가 있다. 과거에 인간을 가리켜 '호모 사피엔스'(생각하는 인간, Homo Sapiens)라고 부른 것처럼, 이제는 호이징가(J. Huizinga)가 예견했듯이 노는 일에도 신경을 써야 하는 '호모 루덴스'(놀이하는 인간, Homo Ludens)의 모습도 부각되고 있다.

특별히 현대사회에서는 여가를 즐기는 것이 일부 특권층만의 권한이 아니라, 보통의 사람들도 참여할 수 있는 성질의 것이 되었다. 이렇게 '대중여가'가 됨으로써 이미 계급사회가 아닌 현대사회에서는 누구든지 간에 여가를 누릴 수 있을 뿐 아니라 만들어낼 수도 있으며, 특권계층들이나 즐겼던 무도회와 연주회도 이전과는 달리 일반 시민 계층에서도 즐길 수 있게 되었다.

예전에는 클래식을 귀족들이 즐겼던 고품격의 문화로써 대중문화와 구분을 짓고 클래식을 즐겨야지만 고급스런 여가를 누린 것으로 생각하는 사람들도 있었다. 현대에서는 그러한 장르의 구분은 중요하지 않다. 얼마나 즐겁고 만족하면서 여가를 누리고 있는지가 더욱 중요한 것이 되었다. 더욱이 자본주의 사회가 대두되면서 여가 생활이라는 것은 상업적인 성격을 가지고 대중화되었다. 대중화라는 것은 저속화의 차원에서가 아니라, 더 많은 사람이 찾아 즐기고 누릴 수 있다는 저변의 확대 차원에서의 용이성의 문제로 이해해야 한다.

몇 년 전 온라인 업체인 잡코리아에서 남녀 직장인 1,335명에게 설문 조사한 결과, '현재보다 소득이 낮더라도 직장과 개인생활의 여유를 위해 직업을 바꿀 의사가 있는가?'라는 질문에 '그렇다'라고 답한 응답자가 50.6%로 두 명 중 한 명꼴에 달했다. 이는 과중한 업무에 시달리는 것보다 소득이 낮더라도 삶의 여가를 즐길 수 있는 직장으로 자리를 옮기려는 직장인들이 늘고 있음을 의미한다.

할 수만 있다면 삶의 질을 높이고 싶은 것은 누구나 바라는 소망일 것이다. 그러나 경제사정의 악화로 고용불안이 극대화하면서 직업의 가치는 다시 삶의 질을 높이기 위한 것보다는 생존과 생활수단으로 전락하고 말았다. 또한 더 나은 삶을 위해 열심히 일을 해도 여가시간을 가질 여유는 생기지 않고 그로 인해 능률이 떨어져 더 열심히 일을 할 수밖에 없는 악순환이 현대인들의 현실이 되었다.

그럼에도 불구하고 일이란 생계수단과 아울러 자아실현을 이루는 디딤돌이며, 여가라는 것은 사람들이 보다 활력적으로 일을 하도록 만들어 일의 효율성과 아울러 삶의 질을 높이는 것임에는 부인할 수 없는 당위성이 되고 있다. 효율적으로 일에 몰두하기 위해서 즐거운 여가가 필요하고, 효과적으로 여가를 보내기 위해서 만족감을 주는 일이 필요한 것이다. 이것은 "직장 밖에서의 여가활용이 직장에서의 성공을 좌우한다."라는 지그 지글러(Zig Ziglar)의 말을 다시금 생각하게 한다.

결론적으로 우리에게 필요한 것은 주어진 자산으로써의 시간을 잘 활용해서, 잘 놀고 열심히 일하는 것이라고 말할 수 있다.

3. 시간 관리란 무조건 아껴 쓰는 게 아니다

같은 시간이라도 어떻게 보내느냐에 그 시간의 가치와 중요성은 매우 달라진다고 앞에서 언급한 바 있다. 시간을 어떻게 사용하느냐에 따라서 통상적으로 다음의 네 가지로 그 유형을 말할 수 있다.

첫째는 Time-killer라는 '시간죽이기형'이다. 우리가 영화를 보면 두 종류의 평을 발견할 수 있다. 작품, 연기, 연출 등 전체적인 안목에서의 완성도가 뛰어나다는 평가와, 액션과 코미디가 뒤섞여 적당히 시간 죽이기에 좋다는 평가이다. 코믹한 액션 영화일수록 후자의 느낌이 강하고, 유명 영화제의 수상작일수록 전자의 느낌이 강하다. (하지만 꼭 그런 것만도 아니다.) 여기서 시간을 보내기에 좋은 영화를 가리켜 '킬링 타임 무비'라고 말한다. 시간죽이기형은 바로 시간이 가는지를 모를 만큼 오락과 게임 등에 시간을 허비하는, 시간 관념이 없는 유형을 말한다.

둘째는 Time-spender라는 '시간버리기형'이다. "오늘밤 저 한가해요."라고 말할 수 있는 한가인(閑暇人)이다. 시간이 남아돌아서 주체할 수 없고, 늘 그의 고민은 "오늘은 어떻게 시간을 보낼까?" 하는 것이다. 해야 할 일은 적고 시간은 너무 많아서 그것을 처리하는 것이 걱정 거리이며, 특별히 시간을 소비할 만한 취미도 갖지 못하고, 자신의 인생을 들러리로 살 가능성이 많은, 시간의 중요성을 모르는 유형이다.

셋째는 Time-saver라는 '시간절약하기형'이다. 이 유형에 속한 사람들은 보통 어디선가 한 번쯤 시간 관리에 대한 강의를 들어 본 적이 있으며, 한 번쯤은 자기 계발 관련 서적들을 통해 시간 관리에 대한 공부도 해 본 경험이 있다. 시간 관리가 소중하다는 것을 알고, 시간 활용 계획을 짜고 시간표를 작성하는 등 꼼꼼하게 계획표를 만든다. 그러나 하루 종일 바쁜 일에 쫓기다 보면, 분주하게 뛰어다녀도 언제나 해야 할 일은 산더미처럼 남아 있고 이루어 놓은 것이 없는 유형이다. 이런 유형의 사람들은 오히려 시간 계획표에 맞추어 살아야 한다는 부담감으로 인해 자신도 모르게 시간의 노예가 되어서 살아간다.

넷째의 형태는 가장 바람직한 것이라고 할 수 있는, Time-creative라는 '시간창조하기형'이다. 이 유형은 하고 싶은 일을 하면서 시간의 구애 받지 않는 유형으로 자기가 하고 싶은 일을 하면서 동시에 시간의 구애를 받지 않고 살아가는 유형을 말한다. 실상은 많은 일을 처리하지만, 시간 안배를 통해서 다른 사람들이 볼 때는 굉장히 여유롭게 보인다. 하는 일들을 보면 좀처럼 시간이 남지 않을 것만 같은데, 자신의 취미나 하고 싶은 것들에 대해서도 시간을 내는 것이 신기하게 보이는 유형이다. 타인이 보기에는 부담스러운 일정도 넉넉히 소화하는 유형이라, 마치 시간을 만들어내기라도 하는 듯 보이기도 한다. 시간에 얽매이지 않고 시간을 지배하는 이러한 유형을 우리는 '창조적 시간 관리 유형'이라고도 부를 수 있다.

여기서 우리가 먼저 알아야 할 것은 시간 관리라는 것의 바른 의미이다. 우리는 흔히 시간 관리를 시간을 효율적으로 사용하기 위한 테크닉으로 알고 있다. 그래서 단 한순간도 낭비해선 안 되고 시간을 귀중히 여겨 일분일초도 허투루 써서는 절대 안 된다고 생각하는 경향이 있다. "일촌광음불가경"(一寸光陰不可輕)이라는 주자의 말을 활용해서 일분일초도 헛되이 보내면 안 된다고 강변하기도 한다. 그러나 실제로 주자의 '권학문'(勸學文)에 나오는 이 시의 내용은 다음과 같다.

勿謂今日不學而有來日(물위 금일불학이유내일)

勿謂今年不學而有來年(물위 금년불학이유내년)

日月逝矣 歲不我延(일월서의 세불아연)

嗚呼老矣 是誰之愆(오호노의 시수지건)

오늘 배우지 아니하고서 내일이 있다고 말하지 말며,

금년 배우지 아니하고서 내년이 있다고 말하지 말라.

세월이 흘러가노니, 세월은 나를 위해 늘어나지 아니하노니,

오호라 늙었도다. 이것이 누구의 허물인고.

少年易老學難成(소년이로학난성)

一寸光陰不可輕(일촌광음불가경)

未覺池塘春草夢(미각지당춘초몽)

階前梧葉已秋聲(계전오엽이추성)

소년은 늙기가 쉽고 학문은 이루기가 어려우니,

짤막한 시간이라도 가벼이 여기지 말지니라.

이 시를 보면 시간을 가벼이 여기지 말라는 것과 더불어 젊을 때 배움에 시간을 투자하라는 것을 동시에 강조하고 있는 것을 볼 수가 있다. 다시 말해서 때에 맞는 일을 하라는 것으로 적절한 일에 시간을 효율적으로 사용하라는 말로 생각할 수 있다.

우리나라 사람들이 흔히 저지르는 잘못 가운데 하나로 푼돈은 잘 아끼면서 허세와 체면에 큰돈을 막 쓰는 것처럼, 적은 시간은 아끼느라 허덕이면서도 정작 중요하고 큰 시간들은 무가치하게 보내는 것이다. 이러다가 정작 중요한 일을 위해 시간투자를 해야 할 때 시간이 없다며 미루는 경우가 비일비재하다.

사실 시간 관리라는 것은 단순한 시간의 효율적인 사용의 차원을 넘어, 귀중한 인생을 중요하고 본질적인 것에 집중하게 해서 보다 충실한 삶으로 만들어 가는 것을 의미한다. 우리가 시간 관리를 하는 이유는 시간 계획을 통해서 자투리 시간이라도 아낀다는 소극적 차원이 아니라, 목표달성에 필요한 시간을 적절하게 투자해 성실하게 살아가게 해서 삶의 의미를 분명히 하고 삶의 목표를 이룰 수 있다는 자신감을 갖는 것을 포함한다. 그래서 시간 관리라는 것은 우리가 시간을 사용하는 데 있어서 무엇에 우선성을 부여해야 하는가를 결정하는, 삶에서의 우선순위를 정하고 거기에 합당한 시간을 배분하는 작업이다.

많은 사람들이 시간 관리에서 실패하고 있는 이유가 많은 일을 하려고 분주하게 활동은 하지만 정작 중요한 일은 하지 않기 때문이다. 사실 우리는 일생 동안 어떤 일을 예방하기보다 일이 생긴 뒤 해결하는 데 더 많은 시간을 쓰는 우를 범하고 살아간다.

이런 우를 범하지 않기 위해서 어떻게 해야 할까? 브라이언 트레이시(Brian Tracy)는 『Time Power』에서 "많은 사람들이 매일 열심히 일하지만, 자신의 진정한 목적과 목표를 명확하게 알지 못한다."라고 말했다. 그는 개인의 효율적인 시간 관리에서 가장 먼저 생각해야 할 중요한 것으로 명확성을 손꼽았다. 즉 괴테가 "가장 소중한 일이 중요하지 않은 일에 좌우되어서는 안 된다."라고 말한 것을 염두에 두고 행동을 해야 한다는 의미이다.

이런 점에서 우리는 시간 관리는 중요한 목표를 빠르고 신속하게 달성할 수 있게 하기 위해 시간을 조직하는 일로써 목적과 목표를 중요도의 순서대로 명확하게 결정한 다음 그것을 성취하기 위해 고안한 실천 방안들을 하나 둘씩 실행할 수 있도록 하는 시스템이라고 보아야 할 것이다.

4. 시간의 갈등을 효과적으로 퇴출시키기

시간 관리를 효율적으로 하지 못하는 사람들이 겪는 딜레마가 있다. 통상적으로 늘 바쁜 일에 시달리며 발등의 불끄기에 분주하지만, 한 번도 자신의 삶에 큰 도움이 될 소중한 일을 하지 못하고, 주변상황을 핑계 대며 시간에 지배당하고 산다.

어떤 사람들은 행복을 직업적 성취나 경제적 성공이라고 생각해서

'성공의 사다리'를 한 계단씩 밟고 올라가는 것을 목표로 삼는다. 그리고 마지막 계단을 딛고 꼭대기에 올라갔을 때 성취감보다는 공허함을 느끼기도 한다. 어떤 사람들은 방향 감각을 잃거나 혼란을 느낀다. 소중한 것이 무엇인지 모르고, 그저 자동적으로 기계적으로 인생을 살 뿐이다.

이런 사람들은 "내가 하는 일이 생에서 어떤 의미가 있을까?" 라는 스스로에 대한 질문에 대답하지 못한다.

이렇게 대다수의 사람들은 균형을 잃은 삶을 살고 있다. 개선을 위한 다른 대안에 대해서 확신하지도 못하고, 변화에 따르는 대가를 지불할 용기도 없다. 그래서 차라리 그냥 그대로 현상 유지한 채로 살아가는 것이 더 편하다고 생각한다. 물론 대다수의 사람들은 자신의 시간 관리에 대해서 수정해야 될 부분을 발견하지 못하는 것이 아니다. 다만 그것을 바꾸고 살아가기에는 시간이 부족하다고 생각하고 그냥 그대로 살아가는 것을 선택한 것이다.

시간 관리에 대해서 느끼는 갈등의 이유를 스티븐 코비는『소중한 것을 먼저 하라』는 그의 책에서 다음과 같이 말했다.

소중한 것부터 우선해서 하려고 하는 데서 생기는 갈등은, 우리를 지배하면서도 서로 대조가 되는 두 가지 강력한 도구, 즉 '시계와 나침판'으로 그 특성을 표현할 수 있다. 시계는 우리의 약속, 일정, 목표, 활동을 나타낸다. 즉 우리가 하는 일과 시간 관리를 위한 방법이다. 나침판은 우리의 비전, 가치, 원칙, 사명, 양심, 방향을 나타낸다. 즉 우리가 중요하게 생각하는 것과 우리가 삶을 이끌고 나가는 방법이다. 우리가 시계와 나침판 사이의 불일치, 즉 차이점을 발견할 때—우

리가 하는 일이 우리 인생에서 가장 중요한 것에 도움이 되지 않는다고 생각

될 때—갈등이 일어난다.

이러한 갈등을 최소화하기 위해서도 우리는 효율적인 시간 관리가
필요하다. 시간 관리에 있어서 고려할 사항 10가지를 살펴보기로 하자.

① 지금까지의 시간 사용 내역을 확인하라.
② 목표를 명확히 하라.
③ 목록을 표로 만들어 활동들을 계획하라.
④ 가능한 한 미루지 말고 즉시 처리하라.
⑤ 한 번에 한 과제씩 처리하라.
⑥ 비슷한 일들은 한꺼번에 모아서 처리하라.
⑦ 자투리 시간을 효과적으로 활용하라.
⑧ 어차피 할 일이라면 조금이라도 미리 시작하라.
⑨ 중요한 일을 먼저 하라.
⑩ 가장 생산적인 시간은 자신만의 생각을 위해 사용하라.

시간을 창조적으로 관리하는 사람들은 몇 가지 특징을 가진다.
첫째는 이미 언급했듯이 목표가 명확하다고 하는 것이다. 구체적인
목표를 가지고 불필요하거나 중요하지 않은 일에 시간을 버리지 않는
다. 그리고 가능하지 않은 목표를 꿈꾸는 이상주의자가 아니라, 구체
적 목표를 가지고 끊임없이 전진하는 긍정적 마인드를 가진 현실주의
자인 것이다.

이러한 실례를 나타내는 것이 '스토데일 패러독스'(Stockdale Para-dox)라는 말이다. 이 말은 베트남 전쟁당시 하노이 포로수용소에 수감된 병사들 중에서 'James Stockdale'이라는 장군의 이름에서 유래된 말이다.

그는 베트남 전쟁이 한창인 1965년부터 1973년까지 8년간 수용소에서 많은 고초를 겪으면서도 가능한 한 많은 포로들이 살아남아 고향으로 돌아갈 수 있도록 만든 전쟁 영웅이다. 그의 말에 따르면, 수용소에서 살아남았던 사람들은 통념과는 달리 비현실적 낙관주의자들이 아니라, 냉정한 현실주의자들이었다고 한다. 낙관주의자들은 다가오는 크리스마스에는 미군이 승리해 수용소에서 나갈 수 있을 것이라고 자신들과 주위 사람들에게 희망을 불어넣다가 크리스마스가 지나가 버리면 다시 다가오는 부활절에는 나갈 수 있을 것이라고 주장하는 등 같은 일을 반복하면서 결국에는 상심해서 죽어갔다고 한다. 반면, 현실주의자들은 크리스마스 때까지는 나가지 못할 것이라고 생각하면서도 동시에 언젠가는 나갈 수 있을 것이라는 믿음을 잃지 않았고, 결국 살아남을 수 있었다.

그는 "나는 이야기의 끝에 대한 믿음을 잃은 적이 없었어요. 나는 거기서 풀려날 것이라는 희망을 추호도 의심한 적이 없거니와, 한 걸음 더 나아가 결국에는 성공해서 그 경험을 돌이켜 봐도 바꾸지 않을 내 생애의 전기로 전환시키고 말겠노라고 굳게 다짐하곤 했습니다."라고 말했다.

그래서 그는 동료들에게 "결국에는 성공할 거라는 믿음은 가지되, 이번 크리스마스 때까지 나가지 못할 수 있으므로 그에 대비해라."라고 조언했다.

이것은 바로 우리가 목표를 분명히 하고 그것을 달성할 수 있다고 생각해야 하는 것과 동시에 그것이 냉정한 현실에 근거를 둔 구체성을 가지고 있어야 한다는 것을 말한다. 즉 우리는 목표가 구체적일수록 우리의 시간도 적절하게 계획되고 관리될 수 있다.

둘째는 필수적인 일은 뒤로 미루지 않는다는 것이다. 우리가 살다 보면 난제라고 부를 수 있는 일을 만난다. 그리고 제때에 결단을 내리지 않고 우유부단하게 대처하다 보면 이러지도 저러지도 못하고 진퇴유곡에 빠지는 경우가 많다.

『후한서』(後漢書)의 「양수전」(楊修傳)에 나온 계륵(鷄肋)에 관한 고사를 보며 우리의 태도를 점검해보자.

중국 삼국시대 위나라 승상이었던 조조는 한중을 평정하고, 나아가서 촉나라 유비를 정벌하려고 했다. 그러나 전투가 오래되자 전장의 형세가 진격하기도 수비하기도 곤란해서 태도를 정하지 못하고 있었다. 그때 부하 한 사람이 내일의 일을 묻고자 밤늦게 조조를 찾아가니 조조는 다만 계륵(鷄肋)이라고만 할 뿐 아무 말이 없었다. 부하는 그대로 돌아와 계륵이 무슨 뜻이냐고 막료들과 의논을 하는데 아무도 무슨 말인지 이해를 못하는 가운데 단지 주부(主簿)로 있는 양수만이 조조의 속마음을 알아차리고 내일은 철수 명령이 내릴 테니 준비를 하라는 것이었다. 양수는 "닭의 갈비는 먹음직한 살은 없지만 그대로 버리기는 아까운 것이다. 결국 이곳을 버리기는 아깝지만 대단한 땅은 아니라는 뜻이니, 버리고 돌아갈 결정이 내릴 것이다." 라고 말했고, 다음 날 이 말대로 철수 명령이 내려졌다.

우리의 시간 가운데 많은 부분이 계륵처럼 곤란한 일에 사용된다. 우리가 만약 처리하기 쉽지 않거나 처리하기에 부적절한 일을 만난다면, 갈등하는 데 장시간을 보내지 말고 피할 수 있는 일이라면 재빨리 피하는 것도 가끔은 상책이다. 때에 따라서는 도망가는 것도 뛰어난 전략이 된다.

다음으로 피할 수 없고 부분적으로나 책임을 질 수밖에 없다면 적임자를 물색해 위임을 하는 것도 좋은 방법이다. 특히 우리가 그 방면에 전문가가 아니면서도 일을 수행할 경우, 그 일을 가장 효과적으로 할 수 있는 사람에게 큰 권한을 줘서 일을 처리하는 것이 좋다.

그리고 그 일이 반드시 자신만이 처리할 수밖에 없는 일이라면, 그래서 할 수밖에 없는 일이라면 망설이지 말고 빨리 결단을 내리고 속히 착수하는 것이 좋다. 반드시 해야 할 일이고 남에게 미룰 수 없는 일이라면 어차피 해야 할 일이므로 신속하게 시작하는 것이 유리하다. 시작이 반이며 천리 길도 한 걸음부터라고 하지 않는가. 특히 일에 더욱 몰두하고 박차를 가하기 위해서는 그 일을 하는 것에 대한 긍정적인 명분을 만들고 일에 대한 당위성을 되새김질하는 것이 좋다.

셋째는 시간을 정리할 줄 안다는 것이다. 시간을 정리한다는 말은 시간의 투자효과를 극대화하는 기술을 알고 있어야 한다는 말이다. 이는 우리가 일할 수 있는 시간에 집중하기 위해서는 주변 환경을 정돈하고 일할 수 있는 분위기를 유지하도록 해야 한다는 말이다. 이렇게 하면 언제라도 일을 다시 시작할 때, 누적된 피로의 상태가 아니라 새로운 마음으로 일하는 것 같은 상태를 유지할 수 있다.

이를 위해서는 일을 마칠 때에도 깔끔하게 할 필요가 있다. 또한 시간을 아껴서 하루에 남는 자투리 시간도 활용해야 한다. 비록 긴 시간을 투자해야 하는 일은 못한다고 하더라도 적은 시간을 사용해 끝낼 수 있는 일을 선택해서 활용할 수 있다.

아주 장시간이 필요한 경우에는 조금씩이라도 자투리 시간을 투자해서 사용하는 것도 좋은 방법이다. 어떤 사람들은 자신의 책을 비행기 안에서 완성하고 다른 일을 하는 중간의 남는 시간에 학위 논문을 작성한 경우도 있다고 한다. 우리라고 못하라는 법은 없다.

그리고 시간을 계획적으로 사용할 필요가 있다. 자신의 과거 시간 사용을 살펴보면 시간의 낭비 요소가 무엇인지, 더 많은 시간을 투자해야 할 곳이 어디인지 알 수가 있다. 같은 값이면 더욱 가치 있는 일에 시간을 쓰기 위해 계획을 세워서 점검하는 것은 꼭 필요하다.

자신의 시간이 사용되는 때에 불필요한 타인의 부탁은 거절할 줄도 알아야 한다. 거절할 때에는 단호하되 지혜롭게 해야 하는데, 자신의 변명을 늘어놓지 말고 상대방의 입장에서 기분이 상하지 않도록 말을 잘 골라 거절하는 것이 좋다. 상대방을 돕고 싶어도 자신의 능력과 여건이 심각하게 부족하다는 것을 느낀다면 그 문제로 인해서 스트레스를 받지 말고 확실하게 거절하는 습관을 가지는 것도 시간 관리에 꼭 필요하다.

끝으로 주어진 시간에 최선을 다한다는 것이다. 혹시 이 영화를 기억하는지 모르겠다. 미국의 한 명문 고등학교는 엄한 규율을 자랑하는 학교였는데, 이곳에 한 교사가 부임하면서 새로운 자유의 물결이 싹텄다. 급기야 학생들과 교사는 '죽은 시인의 사회'(Dead Poets Society)라는 모임을 만들어 시를 이야기했다.

이를 통해 아이들은 정형화된 삶에서 자신이 해방되는 경험을 맛보게 된다. 이 영화에서 교사는 아이들에게 진정한 삶의 의미를 가르치고 "Carpe diem!"이라고 외친다. 물론 이 라틴어를 그대로 번역하자면 "Seize the day!"(이 날을 붙잡아라!)다.

이 말은 원래 로마의 시인 호라티우스(Horatius)가 『송가』에서 사용한 구절을 인용한 것으로, 그 의미는 '현재를 즐겨라'(Enjoy the present)라는 말이다.

어떻게 보면 우리가 잘 아는 '권유가'(勸遊歌)의 가사인 〈노세, 노세, 젊어서 노세, 늙어지면 못 노나니〉와 비슷한 것 같지만 좀 다르다. 현재를 즐기라는 말은, 내일은 없으니 오늘 먹고 마시고 놀자는 의미보다 우리가 미래에 후회하지 않기 위해서는 오늘 최선을 다해서 살아야 한다는 뜻으로 이해하는 것이 좋을 것이다.

이것은 류시화 시인에 의해 알프레드 디 수자(Alfred D'Souza)가 쓴 것으로 알려진 'Love like you've never been hurt'의 결론과 의미가 통한다고 볼 수 있다.

Dance, like nobody is watching you.

(춤춰라, 아무도 바라보고 있지 않은 것처럼)

Love, like you've never been hurt.

(사랑하라, 한 번도 상처받지 않은 것처럼)

Sing, like nobody is listening you.

(노래하라, 아무도 듣고 있지 않은 것처럼)

Work, like you don't need money.

역사 속에서 나라는 존재는 언제나 지금(now) 여기에(here) 있는 (exist) 존재로서의 나이다. 따라서 우리는 제한된 시간과 환경에 불평과 불만을 가지는 것보다 주어진 현실에서 수용하고 현재의 시간에 최선을 다해서 긍정적인 결과를 산출하는 것에 총력을 기울여야 할 것이다.

시간은 삶의 균형을 유지하게 해주는 중요한 요소이며 가치의 매개체이다. 시간은 신이 우리에게 주신 귀중한 것이기에 위대한 선물로 우리가 다른 사람에게 줄 수 있는 것이기도 하다. 그래서 삶에서 중요한 우선순위를 고려할 경우에는 항상 다른 사람과의 인간관계를 제일 먼저 생각해야 한다는 것을 잊지 말도록 하자.

성경에 "불의의 재물로 친구를 사귀라. 그리하면 없어질 때에 저희가 영원한 처소로 너희를 영접하리라."라는 말이 있는데, 필자는 시간을 가지고 친구를 사귀라고 말하고 싶다. 즉 친구를 만들고자 한다면, 좋은 인간관계를 형성하기 위해서 충분한 시간을 상대방에게 투자하라는 것이다.

그리스어로 시간을 나타내는 말이 두 가지가 있다. 하나는 '크로노스'(chronos)라 하고, 다른 하나는 '카이로스'(kairos)라 한다.

크로노스는 연대기적인 시간을 말한다. 이는 천문학적으로 해가 뜨고 지면서 결정되는 시간이며, 지구가 공전과 자전을 하면서 결정되는 시계가 가리키는 시간이다. 이에 반해 카이로스는 특정한 시간 또는 정한 시간을 말한다. 고대 그리스인들은 시간은 비록 흘러가는 것이지만, 시간에 특별한 의미가 있을 때, 이 의미 있는 시간을 카이로스라고 불렀다. 우리는 삶에서 일정하게 주어진 크로노스에서 직접적이고 의미 있는 카이로스를 최대한 많이 찾아야 할 것이다.

5. 시간을 활용해서 협상 이기기

협상에 있어서 시간은 중요한 자산이며, 협상 대상자의 협상시한을 아는 것은 아주 고급의 정보에 속한다. 그만큼 협상에서 시간이라는 고지를 먼저 점령한 쪽에서 협상을 유리하게 이끌어갈 수 있기 때문이다.

허브 코헨은『협상의 법칙』에서 협상과 관련해서 시간에 대한 몇 가지 일반적 견해를 다음과 같이 서술하고 있다.

첫째, 협상 참가자들은 종종 잘못된 가정이나 비현실적인 목표를 가지고 협상을 시작한다. 그러므로 그들에게는 현실에 적응할 시간이 필요하다.

둘째, 사람들은 대개 새로운 제안에 경멸적이거나 회의적 태도로 거부 반응을 보인다. 그들이 잘 알지 못하는 제안에 적응하기 위해서는 시간이 필요하다.

셋째, 침착하고 태연한 자세로 게임에 임하기 위한 훈련이 필요하다.

넷째, '쇠는 달구어졌을 때 두드려야 한다.'와 '인내는 미덕' 사이에서 어떤 충고를 따라야 할지 갈등한다면, 망설이는 사람이 때때로 위기를 모면한다는 사실을 기억하자.

협상에서 시간을 선점하는 간단한 방법은 이것이다.

하나는 일반적인 거래에서 사용하는 것으로, 만약 우리가 소비자라면 판매자가 우리를 위해 많은 시간을 투자하게 만드는 것이다.

예를 들어 사고 싶은 물건을 진열대에서 발견하거나 필요한 물품을 사기 위해 매장에 나갔다고 치자. 가격과 성능·사용법과 특징·사은품 등에 이르기까지 판매자가 다 설명을 하도록 만들어보라. 매일 지나치면서 판매자가 한가한 시간에 들러서 상품에 대해서 질문을 한다면 얼마 못 가서 판매자는 자기가 투자한 시간이 아까워서라도 우리가 제시하는 가격 조건을 손해가 아닌 한도 내에서 받아들이게 될 것이다. 이 방법은 우리도 절약한 금전만큼 시간을 그만큼 사용해야 한다는 것을 염두에 두어야 한다.

다른 하나는 협상에서 상대방의 협상시한을 알고서 협상에 임하는 것이다. 특히 이 방법은 우리에게 유리한 장소로 상대가 나오는 경우에 더욱 효과적이다. 이왕이면 협상 대상자가 비행기를 타고 와야 할 거리거나, 최고위급 인사가 아니라 중간관리자가 오는 경우에는 더욱 유용하다. 가능한 정보망을 가동해서 상대방의 협상시한을 필히 알아내도록 하자.

그리고 즉시 협상에 임하지 말고, 만만디(漫漫地) 전략으로 시찰이나 유람, 회사 견학 등으로 손님 접대를 핑계 삼아 시간을 허비하게 한다. 협상시한이 다가올수록 상대방은 불안해질 것이고, 시한 내에 협상타결을 하기 위해 목을 매게 될 것이다. 그런 점에서 "김 과장! 이번 주까지 협상을 마무리 짓지 못하면 알아서 해!"라고 하면서 협상을 위해 멀리 출장을 보내는 것이 얼마나 아군을 괴롭히는 일인지 알고 남음이 있을 것이다.

시간을 창조적으로 관리하는 사람들의 특징

① 명확한 목표를 가지고 있다.

② 필수적인 일을 미루지 않는다.

③ 시간을 잘 계획하고 정리할 줄 안다.

④ 불필요한 일은 단호하게 거절한다.

⑤ 주어진 시간에 최선을 다한다.

미국과 북베트남의 시간 싸움

협상시한의 잘 알려진 사례는 1973년 1월 27일 파리에서 벌어진 미국과 북베트남의 휴전협상이다. 그 협상의 결과로 다음과 같은 협정이 발표되었다.

① 그 다음날 아침부터 북베트남과 남베트남 전역에서 전투를 중지한다. ② 모든 미군을 철수한다. ③ 모든 미군 기지를 철거한다. ④ 모든 전쟁 포로들을 석방한다. ⑤ 다국적군이 평화를 감시한다. ⑥ 남베트남은 자신의 운명을 결정할 권리를 가진다. ⑦ 북베트남 군대는 남베트남에 머물 수는 있으나 더 이상 증강하지는 않는다. ⑧ 북위 17°선은 평화적인 방법으로 두 나라가 통일될 때까지 분계선으로 남아 있게 된다.

이 협상 이후 8월에 미국 의회는 인도차이나에서 더 이상의 미군의 전투를 금지했으며, 1973년 말 남베트남 주둔 미군 병력은 거의 사라졌다. 그 결과 1975년에는 북베트남이 남베트남을 점령해 군사 정부를 세웠고, 1976년 7월 2일 베트남은 공식적으로 하노이를 수도로 하는 베트남 사회주의 공화국으로 통일되었다. 사이공은 그들의 독립 영웅인 호치민의 이름으로 개칭되었다.

위의 협상내용을 보면, 그것이 북베트남에게는 유리하지만 미국에게는 불리한 내용인 것을 알 수 있다. 미국이 베트남 전쟁에 뛰어든 것은 아시아에서의 공산주의 확산을 우려한 때문이었지만, 전쟁이 장기화하고 자국 내에서의 반전운동이 커지자 닉슨은 미군철수라는 정책을 펼칠 수밖에 없었다. 그 결과 미국은 무리한 전쟁을 한 셈이 되었고 베트남은 공산주의 국가가 되었다.

파리 협상의 이야기를 보면, 그 전에도 미국은 북베트남(월맹)측과 수차례 협상을 하고자 하였다. 월맹은 협상을 자신들의 불리한 전세를 모면하는 데만 사용했고, 실제로 미국과 협상하고자 하는 생각이 없었다. 1972년에 다시 정전 협정에 대한 논의가 펼쳐질 때도 미국은 월맹을 협상테이블로 끌어들이기 위해 직접적인 호소뿐만 아니라 중재인을 통해서 접촉했다. 그때마다 월맹은 "우리는 지금까지 627년 동안이나 전쟁을 치러왔다. 앞으로 우리가 128년을 더 싸운다 한들 무슨 문제가 있겠는가? 사실 32년 전쟁은 우리에게는 대단히 짧은 시간이다." 라고 하면서 계속적으로 협상을 기피했다. 그러다가 미국이 대통령 선거를 앞두고 당장의 외교적 성과를 보여줘야 하는 시점에서 월맹이 협상장에 나타났던 것이다. 그런데 미 대표단은 파리 중심부의 리츠 호텔에서 묵으며 일주일 단위로 방값을 치르기로 하고 방을 얻은 반면에, 월맹측은 파리 외곽에 있는 빌라를 2년 이상의 계약으로 전세로 얻어서 협상에 임했다. 누구라도 이 협상의 결과가 미국에게 불리하게 될 수밖에 없다는 것은 숙소의 임대기간만 봐도 드러난다. 그리고 미국은 선거 때문에라도 협상을 서두를 수밖에 없었다.

균형 속의 협상 찾기 II

앞의 장에서 우리는 균형 속에서 다양한 협상의 법칙들을 살펴보았다. 이제 산을 거의 다 오른 셈이다. 이번 장에서는 의사소통의 균형, 설득의 균형, 힘의 균형을 통해 균형 속에서 협상의 포인트를 잡는 모든 기술을 익혀보자.

의사소통의 균형

1. 의사소통의 의의

● 협상의 전제

의사소통을 뜻하는 용어 커뮤니케이션(Communication)의 어원은 라틴어 'communicare'에서 왔는데, '공유하다' 또는 '알게 하다'라는 뜻이다. 이는 두 명 이상의 사람들 사이에서 사고의 공통성(commonality)을 형성하는 과정을 의미한다.

이러한 정의는 두 가지의 중요한 개념 구성 요소를 포함하고 있다. 하나는 커뮤니케이션이 하나의 과정(process)이므로 거기에는 검토할 수 있는 구성 요소들과 그들 간의 상호 관계를 포함한다는 점이며, 다른 하나는 커뮤니케이션이 제대로 수행된다면 관련된 사람들 사이에서 사고가 공유된다는 점이다. 그래서 우리는 협상 주제에 대해 공통의 관심사를 가지고 있을 수 있으며, 그것을 가지고 협상을 통해 우리의 의견을 말하고 상대방의 견해를 들으며 충분히 토의가 가능하다는 것이다. 그리고 협상의 진행에 있어서 원활한 의사소통이 막대한 영향을 미치며, 협상 과정이라는 것도 의사소통을 통해 서로 간의 견해 차이를 좁히고 어떤 일치된 합의에 이르는 과정이라고 말할 수 있다.

따라서 협상테이블에서 협상 참여자들 사이에서 어떠한 형태로든지 협상이 진행될 수 있다는 가능성을 의사소통이 보여주고 있는 것이다.

● 메시지와 마사지

오늘날을 뉴미디어 시대라고 한다. 항간에 진행되는 촛불 집회에 찬성하는 입장이든 반대하는 입장이든 UCC(User Created Contents)를 통해 곧바로 볼 수 있는 시대이다.

미디어가 우리 사회에 이렇게 큰 영향을 준 것은 첨단 과학의 발전이 있었기에 가능했으나, 이론적인 뒷받침은 마샬 맥루한(Marshal Mcluhan)의 영향이 지대하다. 맥루한의 미디어 이론의 핵심은 '미디어는 메시지다.'(The Medium is the message)라는 생각이다. 우리들은 일반적으로 메시지라고 하면 메시지에 의해 전달된 내용만을 생각하게 되지만, 맥루한은 '전달 매체 그 자체가 메시지'라고 주장한다.

이는 같은 주제나 내용이라 하더라도 그것을 전달하는 매체에 의해 인간에게 미치는 영향은 각각 달리 나타난다는 것이다. 예를 들어 똑같은 내용의 말이라도, 얼굴을 마주하고 행해지는 것과 신문에 나가는 것과 TV로 방송되는 것은 서로 다른 세 가지의 메시지를 전해주는 것이라고 보았다.

더 나아가서 맥루한은 '미디어 자체가 인간의 생각을 변화시키고 인간의 생활양식까지도 변화시킨다.'라고 주장한다. 이는 어느 시대든지 그 시대의 지배적인 매체가 사람들을 지배한다는 의미이다.

여기에서 발전한 명제가 바로 '미디어는 마사지이다.'(The medium is the massage)이다. 이 말은 전자시대에는 미디어가 전신의 감각 또는 중추신경계를 확장해서 인간을 심리적으로 안마해주는 효과를 가진다는 뜻이다. 따라서 우리는 오늘도 미디어를 통해 피부나 신경을 통틀어 끊임없이 마사지를 받고 있는 셈이다.

협상에서도 이 점을 잊지 말아야 한다. 협상을 하는 사람은 개인적으로든지 사회적으로든지 어떠한 대표성을 지니고 그 자리에 참여하고 있는 것이다. 그래서 상대방은 우리의 속사정이나 회사의 내부 사정에 대해서 알지도 못하고, 어떤 점에서는 우리의 처지를 알 필요도 없다. 또한 우리의 입장에서도 동정을 얻기 위해 나간 자리가 아니라 협상을 하기 위해 상대방과 대등한 위치를 점유하고 있는 것이므로, 전략적인 선택이 아닌 이상 궁색한 모습을 보일 필요가 없다.

협상을 할 때의 우리 모습은 바로 메시지가 되어서 우리가 속한 곳의 입장을 대변하는 이미지가 된다는 것, 그리고 마사지 효과를 통해 상대방으로 하여금 우리의 제안을 수락하도록 만들 수 있다는 것, 또 나아가 우리가 어떤 매체로 변신하느냐에 따라서 협상의 성과나 영향력이 달라질 수 있다는 것을 잊어서는 안 될 것이다.

● 메시지 개발

커뮤니케이션의 일반적인 의미에는 개념이나 뜻의 전달 및 통신과 사상의 표현이나 교환을 말하는, 이른바 의사전달이 포함되어 있으며, 이것은 자신을 알리는 가장 기초적인 요소로 여겨진다.

그래서 현대는 '얼짱'(얼굴이 뛰어나게 예쁜 사람)이나 '몸짱'(몸매가 뛰어나게 좋은 사람)보다 '말짱'(말솜씨가 뛰어난 사람)이 더 대우받는 시대가 되었으며, 직장에서 성공하려면 '말짱'이 되어야 한다고 말할 정도가 되었다. 음치가 마이크를 잡기 위해서는 노래방에서 피나는 노래 연습이 필요하고, 몸치가 비보이가 되기 위해서는 수십 차례 관절이 삐걱거려야 하지만, '말꽝'(말솜씨가 없는 사람)이 말짱이 되는 건 약간의 노력으로도 가능한 일이다. 그것은 대인 커뮤니케이션에 있어서 능력의 문제는 '상호 작용의 가능 불가능의 문제'가 아니라 '정도의 문제'이기 때문이다. 즉 서로 대변하고 있는 개인 간 이루어지는 대인 커뮤니케이션의 경우, 의사소통은 불통성의 차원이 아니라 관계형성이나 상황, 참여 등의 면에서 능률적이거나 비능률적이라는 정도의 차이만 있기 때문이다.

우리가 훌륭한 협상가가 되기 위해서는 의사소통에 능숙해야 한다. 그러나 이는 단순히 말을 잘하는 것 이상의 의미를 갖는다. 효과적으로 의사소통을 하려면 일방적으로 전달해서는 안 된다는 사실을 노련한 협상가들은 직감적으로 이해하고 있다. 그들은 협상테이블에서 회사의 입장을 잘 설명할 뿐만 아니라, 상대방의 말을 잘 듣고 곧바로 적절한 응대를 한다. 이런 과정이 계속 반복되면서 효과적인 의사소통을 이루어 협상을 능숙하게 진행한다.

협상 참여자가 효과적인 의사소통을 위해 해야 할 메시지의 방향에 대해서 '4I's Message'의 방식으로 이해하면 쉽게 기억할 수 있다.

첫째가 'Inform'으로 정보를 제공하는 말이어야 한다. 우리가 협상테이블에 나온 목적을 분명히 알려줄 수 있어야 한다는 말이다. 만약에 우리의 입장이 판매에 있다면 그 아이템에 대해 자세히 설명할 수 있어야 한다는 의미이다.

둘째로 'Involve'로 대화에 상대를 포함할 수 있어야 한다. 협상의 대화는 일방적일 수가 없다. 혼자서만 말한다면 그것은 연설이며 강연일 뿐이다. 협상의 대화에는 상대가 항시 끼어들 수 있는 여지를 만들어야 한다. 아군과 적군으로 편을 가를 게 아니라, 같이 협상을 하려는 공통의 목적을 가진 잠정적 동반자로 인식해야 한다는 의미이다.

셋째로 'Ignite'로 상대의 생각을 자극해야 한다. 협상과정에서 상대방이 어떤 제안을 하면 우리는 그것을 수용했을 때 발생할 수 있는 결과에 대해 생각하게 된다. 이 점을 이용해서 우리의 제안에 대해 상대가 상상력을 동원해 그 결과에 따른 행동을 쉽게 그릴 수 있는, 솔깃해질 만한 제안을 할 필요가 있다.

넷째로 'Invite'로 상대가 결정하도록 초대하는 것이다. 협상은 상대방 앞에 던져놓는 미끼가 아니다. 상대가 받아들이든 그렇지 않든 맘대로 하라는 태도는 협상을 유쾌하게 만들지 못한다. 협상에 임함으로써 서로가 만족을 얻을 수 있다는 것을 강조한다. 즉 적극적으로 참여하므로 서로에게 유리한 결과가 나올 것이라는 말로 참여를 권유한다.

2. 협상의 말하기

협상에서 말을 할 때는 지켜야 할 몇 가지 원칙들이 있다. 이것은 효과적으로 말할 수 있는 방법이 되기도 하고, 동시에 실수를 적게 할 수 있는 요령이기도 하다. 일반적으로 협상에 관심이 있는 사람들이라면 커뮤니케이션이나 스피치에 약간의 조예(造詣)가 있을 것으로 생각한다.

말하기에 관해 좀 더 심도 있게 알아보고자 한다면 필자의 졸저인 『스피치 달인의 생산적 말하기』를 한 번 읽어보는 것도 좋을 것이라고 생각된다. 말하기 능력을 키우는 데 도움이 되리라 보기 때문이다. 여기서는 간단하게 협상의 말하기에서 생각해야 할 부분들을 정리해 보았다.

첫째, 협상에서 우리가 상대에게 말을 할 때 가장 중요한 것은 목적을 염두에 두고 말하는 것이다. 우리가 협상을 할 때는 이루어야만 할 목적이 있다. 그래서 우리의 말 한마디 한마디는 협상의 목적을 달성시키기 위한 것이어야 한다. 협상에 도움이 되지 않는 말은 물론, 필요 없는 말도 하지 말아야 한다. 처음 시작할 때는 분위기를 띄우고자 유머러스한 말을 사용할 수도 있다. 그러나 본격적으로 협상을 시작하면 협상테이블에서 합의안을 찾고 자신이 대표하는 집단을 만족시킬 수 있는 결정이 나오기까지 목적에 합당한 말을 하는 데 힘써야 한다.

둘째, 가급적이면 인상에 남는 말을 하기 위해 노력해야 한다. 커뮤니케이션의 이론에서도 일반적으로 '처음 5분'이 중요하다고 말한다. 알다시피 상대에 대한 우리의 평가는 첫인상에 많이 좌우된다. 5분이면 상대에 대한 평가가 내려지고 어떻게 상대할 것인지가 결정된다. 처음에 내려진 평가에 대한 큰 변수가 없는 이상 협상이 끝날 때까지 그 평가는 계속될 수도 있다. 따라서 협상을 할 때는 먼저 본론을 말하는 것이 좋다. 그리고 우리가 상대방에게 협상할 사람이 바로 나라는 것을 명확히 보여주어야 한다. 이를 위해서는 말의 톤도 조금 높일 필요가 있다. 톤을 높임으로써 협상에 대한 우리의 자신감과 열정을 상대에게 보여줄 수 있기 때문이다.

셋째, 분명하고 확실한 이야기를 해야 한다. 협상이 막바지에 이르면 서로의 견해를 조정하는 일종의 합의문이 작성된다. 그런데 이 막바지 순서인 합의를 할 때 어떤 문항에서는 손사래를 치며 처음 듣는 것처럼 반응을 보이는 사람도 있다. 이것은 우리의 전달 방식이 애매했거나 일방적으로 전달을 하고서 의사소통이 되었다고 착각했기 때문이다. 그러므로 끈기 있게 반복해서 설명을 해야지만 비로소 정확하게 상대방에게 전달될 수 있다는 것을 잊지 말아야 한다. 교육학적으로 학생이 교습을 받을 때는 맨 처음과 마지막에 배운 부분이 가장 기억에 잘 남는다고 한다. 따라서 중요한 사항을 먼저 말하고, 설명의 마지막에는 요점을 정리해서 다시 한 번 상대의 기억을 회상시키는 것이 좋다. 그리고 필요하다면 아주 중요한 것은 반복하도록 하자. 이때 상대에게 유리한 점을 강조하는 것이 좋다.

넷째, 맞장구를 치는 것도 말하기의 중요한 기술이다. 우리는 어려서부터 "아이가 버릇없이 말대꾸를 하면 안 돼!"라고 교육을 받았다. 하지만 여기서 말대꾸란 정말 잘못된 것일까? 통계에 의하면 "사람이 말할 때 20초 동안 편하게 말하고, 그 이후 상대가 반응이 없으면 1분 이상 말하기 힘들다.”라고 한다. 협상이란 공놀이에 비유할 수 있다. 공을 상대에게 던지면, 자연스럽게 받을 준비를 한다. 상대는 반사적으로 공을 받은 뒤, 다시 우리에게 던질 것이다. 탁구나 테니스에서 공을 서로 능수능란하게 치고받으면서 즐거움을 느끼는 것, 맞장구란 이처럼 상대의 서브를 잘 리시브하는 것에 비유할 수 있다. 그러므로 협상에서 다양한 방법으로 맞장구치는 기술을 사용하는 것이 좋으며, 만약에 질문이나 상대의 진술에 대한 요약을 말하게 될 경우에는, 상대가 말하는 속도에 맞춰서 하는 것이 좋다. 이렇게 속도를 조절하는 것은 결국 상대를 고려해서 말을 하라는 의미와도 상통한다.

다섯째, 상대를 배려한다면 대화의 고수가 될 수 있다. 피터 드러커는 ‘커뮤니케이션은 기대다.’(Communication is expectation)라고 말했다. 상대방이 어떤 기대를 하고 있는지 정확하게 파악하지 못하고 이야기를 할 경우 대화가 단절되고 오해가 생길 여지가 있다. 드라마를 보면 애인이 듣고 싶은 말 한마디를 못해서 파경을 맞는 연인들이 종종 나온다. ‘침묵이 금이다.’라는 금언은 현대사회에서는 미덕이라고 할 수 없다. 말을 아끼면 상대방은 그 뜻을 절대 알지 못한다. 상대방이 기대하는 말이 어떤 것인지를 정확하게 짚어서 스스럼없이 표현하는 것이 좋다. 협상 시 상대가 협상에서 갖는 기대를 충족시키는 말을 구사하도록 노력하다 보면 어느새 대화의 기술이 향상되어 있음을 느낄 수 있을 것이다. 상대방이 듣고 싶은 말을 구사할 수 있는 사람은 능숙한 협상가가 될 수 있을 것이다.

여섯째, 문화적 차이까지 생각해서 말하라. 이라크 주둔 미군이 현지인과 악수할 때 왼손을 사용하지 말라는 지시가 내려졌다. 이것은 바로 왼손잡이가 많은 미국인들과 왼손을 화장실에서 주로 사용하는 그 지역민들의 문화적 차이로 인해 벌어질 수 있는 오해를 막기 위한 조치였다. 이렇게 지역마다 문화적 차이가 있으며, 말을 할 때는 문화적 다양성을 인정하고 상대방의 문화에 공감하면서 예의를 갖춰서 대응해야 한다. 상대방의 문화에 공감한다는 것을 표현하기 위해 상대방의 관심사를 잘 살펴볼 필요가 있다. 만약 외국인과 협상을 한다면 그 지역의 토속어나 중요 단어를 숙지하고, 종교적, 문화적 차이로 잘 사용하는 말과 사용하지 않는 말을 구분해서 사용하도록 하자. 이런 준비를 한다면 센스 있는 협상가이자 세계적인 협상가로 거듭날 수 있을 것이다.

3. 제대로 듣기

어떤 일로 협상을 할 때, 협상에 참여하는 이유에 대해서 상대방은 설명해주길 원한다. 이와 같이 상대도 우리에게 자신의 협상 목적을 말하고 싶어할 것이다. 협상이 주고받는 기회가 균등한 게임이라면 우리가 말한 것만큼이나 상대방의 말에도 귀를 기울일 필요가 있다.

그러나 협상에서 듣는다는 것은 그저 단순히 듣고 있는 행위, 즉 아무 말도 안하는 행위를 뜻하는 것이 아니다. 그것은 오히려 상대가 편하게 말을 할 수 있도록 관심을 표현하는 행위로 적극적 의미의 경청인 것이다.

우리는 이러한 행위를 통해서 협상의 대상이나 논의되는 사안에 문제점이 무엇인지를 확실하게 알 수 있으며, 상대방이 내심 바라는 것이 무엇인지도 파악할 수 있다. 특히 협상 시에는 의사소통을 통해서 서로 정보를 교환하게 되는데, 듣기는 바로 상대의 정보를 축적할 수 있는 자원 창고와 같으므로 적절한 기술로 활용하는 것이 좋다.

일반적으로 듣는다는 것은 바로 '나 중심의 듣기'이다. 나 중심의 듣기는 일반적으로 나를 중심으로 하는 방식으로써 우리가 가지고 있는 고정관념과 패러다임으로 상대가 말한 내용을 예단해서 듣는 것이다. 그래서 상대방의 말을 끝까지 들어보지도 않고 독단적인 판단을 내리는 우를 범하기 쉽다. 우리말은 그 특성상 끝까지 들어야 의미를 제대로 알 수 있다. 끝까지 듣지 않는다면, 중요한 이야기는 아직 꺼내지도 않았는데 그 결과를 섣불리 단정하게 만든다. 반대로 말을 할 때 중요한 것을 먼저 꺼내거나 본론을 앞세우고 말하는 것이 유익한 이유는 바로 이런 우리의 듣기 습관에 있다고 볼 수 있다.

이와 달리 협상에서 필요한 적극적 경청이라는 것은 '상대 중심의 듣기'를 말한다. 상대방 중심으로 듣는다는 것은 상대가 어떤 말을 할 때 상대방이 무슨 의도를 표출하고자 이런 말을 하는지를 잘 생각해서 듣는 것을 말한다. 이를 위해서는 말의 앞면만 단순히 받아들일 것이 아니라, 말의 이면에 감춘 말을 잘 생각할 필요가 있다.

다시 말해서 상대방 중심의 듣기란 어떤 면에서는 통상적인 협상의 말 속에서 상대방이 내면에서 말하고자 하는 것을 찾는, 신중한 듣기라고도 할 수 있다.

우리가 경청하는 입장에서 제대로 듣기 위해서는 다음과 같은 단계적인 태도를 견지할 필요하다.

첫째로 귀로 듣는 단계가 있다. 상대방의 이야기를 듣기 위해서 우리가 해야 할 일은 자신의 귀를 여는 것이다. 당연한 이야기인 것 같지만, 우리는 우리의 귀를 의심하는 이야기를 안 들으려고 하는 습성을 가지고 있다. 또 자신의 귀에 들리지 않는 것뿐 아니라 자기가 이해할 수 없는 것도 듣지 않으려고 한다. 이를 선택적 듣기(selective listening)라고 하는데, 귀를 통해서 정보가 들어오지만 우리의 머릿속에 중요치 않다는 인식이 박혀 있다면 그 정보는 그저 하나의 소리가 되어 다른 귀로 흘러나가는 경우가 많다는 것이다. 이것이 바로 선입견을 가지고 듣는 폐해를 절실하게 나타내는 현상이기도 하다.

두 번째로 입으로 듣는 단계가 있다. 이것은 상대가 말하고자 하는 바를 정리해주는 것이다. "지금까지 말씀해 주신 것이 ……라는 내용인데, 제가 이해하고 있는 것이 맞습니까?" "방금 하신 이야기는 ……하다는 말씀이지요?" "제가 이해하는 바로는 …….." 등의 표현을 통해 상대가 말한 내용을 우리가 제대로 이해하고 있는지, 상대가 제대로 자신의 표현을 구현했는지를 되물어서 확인하는 것이다. 때로는 상대가 말한 내용을 그대로 요약해서 정리해주는 것까지도 포괄한다. 이를 바꾸어 말하기(Rephrase)라고 하는데, 이것은 우리가 들은 것을 다시 상대에게 말하므로 자신이 제대로 들었는지를 확실하게 알 수 있게 한다.

세 번째로 손으로 듣기가 있다. 손으로 듣는다는 것은 듣기에 있어서 손을 사용하라는 말이다. 내용에 따라서 상대의 설명이나 이야기가 다소간 길어질 수도 있다. 이때에는 물론 자연스럽게 계속 이야기하도록 하는 것이 가장 좋다. 그러나 내용이 많아지거나 길어질 경우에 우리는 상대가 말하는 내용의 핵심이 무엇인지 곧바로 찾는 데 어려움을 느낄 수 있다.

이런 경우 대화를 하면서 메모를 하는 것이 유익한 방법이 된다. 이때의 메모는 두 가지 방법으로 하는 것이 좋다. 줄이 그어진 노트에 시간적 순서대로 상대의 진술을 정리하고, 줄이 없는 노트에 마인드맵으로 질문과 정보, 대응책, 논의할 사항들을 기록하는 것이다. 협상은 형식적인 상태보다 시간이 흐름에 따라서 격식 없이 편안하게 말할 수 있는 상태가 계속 유지되는 것이 좋다.

네 번째로 몸으로 듣기가 있다. 몸으로 듣는다는 것은 듣기에 있어서 몸 전체를 사용해서 경청하는 것을 말한다. 대화에는 통상적으로 언어적 요소와 비언어적 요소가 있다. 비록 비언어적 요소가 대화의 핵심을 차지하고 있지는 않지만, 때에 따라서는 언어적 요소보다 더 큰 대화의 효과를 가질 수도 있다. 제스처라고도 불리는 이 비언어적 요소, 즉 몸짓은 때에 따라서 상대의 말에 대한 반응을 보이는 데 있어서 아주 중요한 행동이라고 할 수 있다. 몸짓으로 하는 긍정적 반응은 상대로 하여금 우리가 자신의 이야기를 공감하거나 수용하고 있다는 것을 느끼게 해주는 아주 중요한 요인이 된다. 흔히 사용되는 몸짓은 눈으로 말하는 상대에 주목하고, 고개로 상대의 말에 묵인하고, 몸이 상대방을 향해 가까이 있고자 하는 태도가 있다. 또한 때에 따라서는 상대가 다음의 말을 이어갈 때까지 아무 말 없이 침묵을 하는 것도 상대에 대한 배려가 될 수 있다는 것을 알 필요가 있다.

끝으로 마음으로 듣기가 있다. 이것은 바로 상대의 말을 수용하는 경청의 태도이다. 우리말에서도 가장 잘 통하는 사이에는 이심전심(以心傳心)이라는 말로 표현을 한다. 마음으로 듣는다는 것은 상대가 말한 말의 내용뿐 아니라, 그의 감정도 그가 그렇게 말할 수밖에 없었던 이

유도 다 이해한다는 의미로, 가장 바람직한 경청의 형태이다. 이것은 상대의 가능성과 잠재력을 최대한 발휘할 수 있도록 배려해서 듣는 것이며, 그 대화의 기준을 우리에게 맞추지 않고 상대에게 맞춰서 듣는 것이다. 여기에는 간섭과 충고가 필요하지 않고, 문제에 대한 해결점도 상대방이 할 수 있도록 섬세하게 신경 쓰는 태도가 필요하다. 혼다 가쯔지는 "경청의 마음을 표시하는 것은 이해하고자 하는 태도의 표현이기 때문에 어떤 반응을 해야 할 것인가에 판단자료를 주고 있는 것이기도 하다."라고 말했다.

이쯤이면 아마 이런 반문도 가능할 것이다. "이렇게 상대방이 하고 싶은 이야기를 다하게 한다면 우리는 언제 이야기하며, 이렇게 진행되는 것은 상대방에게만 유리한 협상 결과를 가져오는 게 아닌가?" 물론 우리가 이야기를 하는 부분도 중요하며 당연히 다룰 부분이다. 하지만 어떻게 보면 중요하지 않아 보이는 이런 것들이 정말 협상을 이루는 데 중요한 역할을 하는 전략들이다. 이것을 명심한 뒤 이야기를 세심하게 이끄는 것이 협상을 완벽하게 성공시키는 가장 빠른 지름길이다.

미츠모토 유키오의 『협상의 천재가 되는 마법의 법칙』에서 나오는 다음의 글을 보면 필자의 의도를 더욱 잘 이해할 수 있을 것이다.

협상은 먼저 듣는 것에서 시작해야 한다는 것을 명심하라. 단지 형식적으로 상대방의 목소리만 듣는 것만으로는 부족하다. 정신을 집중시켜 상대방의 이야기를 정성껏 듣는 것이 중요하다. 당신의 이야기를 시작해도 되는 때는 상대방의 이야기를 전부 듣고 난 다음이다. 아니면, 처음부터 아예 당신의 이야기 따위는 아무도 듣고 싶어 하는 사람이 없다고 생각하는 것도 좋다. 일방적으로 내 이야기만 늘어놓다가 흉잡히는 경우는 있어도 상대방의 이야기를 정성껏 들어주다가 욕먹는 경우는 거의 없다. 상대방의 이야기에 귀를 기울이면 그 사람이 무엇을 원하는지를 알 수 있다. 직접 상대방에게 물어봐도 알 수 있고 이야기 중에 힌트가 숨겨져 있는 경우도 있다. 무엇보다 협상 화술을 익히기 전에 좋은 청취 자세를 익혀 두는 것이 급선무이다.

4. 의사소통을 이용한 협상

협상 과정을 진척시키려면 대화를 독점하는 것이 아니라 통제해야 한다. 상대의 힘과 자기 자신을 일치시키고, 동기를 유발하자. 그리고 질문과 제안을 통해 상대방이 자신의 생각을 받아들이게 해서 대화의 방향을 통제한다. 여기서 통제한다는 것은 우리의 행동이 상대의 반응에 영향을 끼친다는 것에 근거를 둔다.

다음의 몇 가지 스킬을 통해서 커뮤니케이션을 통제하는 묘를 살려보자.

● 대화의 양을 조절하라

상대가 말하는 속도에 맞춰서 말해야 한다고 앞에서 간단하게 이야기한 바 있다. 이렇게 말하면서 동시에 알아둘 것은, 상대가 말한 정도만 우리도 말해야 한다는 것이다. 상대방을 설득시킬 때는 말하는 것과 듣는 것이 균형을 이루어야 보다 효과적이다. 말하는 것도 상대의 반응을 보고 해야 하며, 반대로 상대의 말을 다 들어보고 말할 필요도 있다. 협상이란 말을 많이 하거나 목소리 큰 쪽이 이기는 게임이 아니다. 흔히 말을 많이 하면 할수록 상대에게 많은 영향력을 발휘할 것이라고 착각한다. 하지만 그 어떤 말도 침묵보다 뛰어난 효과를 발휘하지 못한다. "상대가 반응을 보이기도 전에 자기 제안을 돋보이게 하려고 애쓰는 것은 결국 제살 깎아 먹기 밖에 안 된다."라는 로버트 마이어의 충고를 생각하자.

● 암시로 제안하라

협상이 가지는 장점은 상대에게 우리의 의사를 표현할 수 있다는 것이다. 상대가 수용하든지 말든지 간에 우리의 입장을 전할 수 있는 자유는 존재한다는 것이다. 이것을 제안이라고 하는데, 가급적 제안을 하는 쪽에서는 그것을 상대가 받아들여주기를 바라면서 하게 된다. 우리의 제안에 대해서 상대가 수용하기 쉽도록 하기 위해서 직접적인 양자택일식의 제안보다는 암시로서 넌지시 우리의 결정을 먼저 전하는 것이 좋다. 암시는 상대가 알 수 있는 주변의 인물이나 사물을 이용해서 하게 되는데, 그렇게 함으로써 우리의 입장이 객관화하고 신뢰성을 띠게 되어서 상대가 거절하기 힘들게 만들기 때문이다.

이때 사용할 수 있는 암시의 예를 몇 가지 들어보면 다음과 같다.

"지난번 저희와 협상했던 분도 비슷한 이야기를 했었는데, 그분도 역시 우리 회사의 방침을 잘 알고 계셔서 이럴 수밖에 없는 저희 입장을 이해하시더군요."

"지난번 신문에 이런 비슷한 사건이 실렸는데, 그때 그 기사도 우리의 주장이 타당하다고 말하더군요."

"투자의 귀재 '조지 소르스'는 이런 경우에 가장 현명한 방법은 이런 것이라고 했는데, 이번 경우에 저희가 드릴 수 있는 말과 비슷하군요."

● 이해가 되도록 설명하라

협상 당사자에 따라서 협상을 끌고가는 스타일이 있다는 것을 이미 알고 있을 것이다. 물론 커뮤니케이션의 스타일도 있을 것이며, 그렇다면 이해하는 방법도 그 스타일에 따라 달라질 수 있다는 것도 알 수 있을 것이다. 상대방이 이해하기 쉽게 설명을 한다는 것은 바로 그가 이해하기 쉬운 스타일로 설명하는 것이 좋다는 의미다.

흔히 인격에는 지·정·의라는 세 가지 요소가 있다고 한다. 이 요소를 가지고 스타일을 구성해서 설명해보면 다음과 같다.

지적인 스타일은 협상을 할 때 논리적으로 접근을 한다. 그래서 이런 스타일에는 통계나 분석적 자료를 가지고 논리적으로 인과관계를 합리적으로 설명하면 상대의 이해와 수용이 쉽게 된다.

정적인 스타일은 협상을 할 때 감정적 요소를 중시한다. 물품의 가격보다 AS나 신뢰성에 관심을 많이 가지고 있다. 그리고 제3의 창조적 해결방안에 대해서도 생각해본다. 따라서 협상의 부주제에 대해서도 말끔한 처리를 약속하고 인간관계를 가지고 잠재적 가치를 부가해 신뢰감을 주면서 설명하면 상대방을 안심시키고, 빨리 제안을 수용할 수 있게 만든다.

의지적 스타일은 이론보다는 사실 자체를 중시한다. 이들은 협상에서 나타나는 돌발변수에 골머리를 앓으며, 협상이 원칙 그대로 유지되며 지켜지기를 내심 바란다. 이런 스타일을 상대하기 위해서는 막연한 추측이 아니고, 구체적으로 드러난 사실을 중심으로 객관적인 자료를 바탕으로 증명해야 한다. 그리고 상대가 정한 원칙을 맞춰가면서 사실 입증관계로 설명을 하면 의외로 쉽게 제안을 수용한다. 만약 협상에서 미처 예기치 못한 사안이 발생한다면, 다음 기회에 처리하든지 충분한 상대의 양해를 얻고서 다루는 것이 이런 스타일에는 좋을 것이다.

협상의 말하기에서 생각해야 할 사항

① 협상의 목적을 염두에 두고 말한다.
② 인상에 남는 말을 하기 위해 노력한다.
③ 분명하고 확실한 이야기를 하도록 노력한다.
④ 상대방의 이야기에 자연스럽게 맞장구를 친다.
⑤ 상대방의 기대에 부응하는 화법을 사용한다.
⑥ 문화적 차이를 고려하며 말한다.

1. 설득의 균형감

설득의 사전적 의미는 상대편이 이쪽 편의 이야기를 따르도록 여러 가지로 깨우쳐 말하는 것이다. 협상에서 설득은 상대에게 자신의 입장과 요구를 설명하고 이해시켜 원하는 것을 얻어내는 것이라고 할 수 있다. 즉, 협상에서 성공은 상대방을 얼마나 잘 설득하느냐에 달려 있다고 해도 과언이 아니다.

그렇다면 어떻게 해야 상대방을 효과적으로 설득할 수 있을까? 먼저 생각할 수 있는 것이 논리다. 자신의 입장과 요구를 논리적이고 타당하게 상대에게 전달할수록 설득하기 쉽다. 그러나 논리만으로는 상대방을 완전히 설득할 수 없다. 데일 카네기는 "자신의 의지와 상관없이 다른 사람에 의해 설득된 사람은 여전히 자신의 믿음을 꺾지 않는다."라고 했다. 즉 상대방의 마음을 온전히 움직였을 때라야 진정 상대방을 설득했다고 할 수 있다.

만약 월등한 협상력으로 상대방이 어쩔 수 없이 인정할 수밖에 없는 상태가 되었고, 그대로 협상이 타결되었다고 생각해보자. 상대방은 협상테이블에서는 수긍하는 것처럼 보이겠지만, 잠정적 합의 결과를 뒤엎어버릴 수도 있고, 아예 다른 협상 대상자와 새로 협상할 수도 있다. 아니면 다음 협상에서 복수전을 벼를 수도 있다.

촉나라 승상 제갈공명은 후주를 도와 삼국을 통일하고자 하는 염원이 있었다. 그러나 위나라를 치자니 후방인 남만이 걸려 섣불리 정벌에 나설 수 없었다. 그러다 때마침 남만 지역에서 반란이 일어났다. 제갈공명은 이틈을 노려 직접 남만 정벌에 나섰다. 이때 마속이 제갈공명에게 이렇게 말했다. "남만은 길이 멀고 산세가 험해, 남만족을 어렵사리 항복시킨다고 해도 돌아서면 쉽게 반기를 들 것입니다. 승상께서는 저들을 평정한 후, 여세를 몰아 조비를 치실 생각이 아니십니까? 만약 승상께서 남만의 군사를 빼돌려 중원으로 가버린 것을 안다면, 만병들은 즉시 반란을 준비할 것입니다. 그러나 방법이 없는 것은 아닙니다. 병서에도 적혀 있습니다. '적의 마음을 여는 것이 상책이요, 적의 성을 공격하는 것은 하책이다. 또한 적의 마음을 사로잡는 것이 상책이요, 적병을 공격하는 것은 하책이다.' 그러므로 승상은 저들을 칼로써 이기기보다 마음으로 이기려고 노력하십시오." 제갈공명은 마속의 이야기가 옳다 생각해 남만의 왕 맹획을 일곱 번 잡아서 일곱 번 놓아주어 맹획 스스로 졌다고 인정할 때까지 기회를 주었다. 마침내 맹획은 제갈공명에게 완전히 항복했고, 촉나라를 섬기게 되었다. 여기서 칠종칠금(七縱七擒)이라는 고사가 생겨났다.

'공심위상'(攻心爲上)이라는 말이 있다. 마음을 공략하는 것이 가장 좋은 계략이라는 말이다. 또한 '노원(路遠)에 지마력(知馬力)이요, 일구(日久)에 견인심(見人心)이라'는 말이 있다. 먼 길을 가야 말의 힘이 고마운 줄 알게 되고, 오랜 세월을 사귀어야 사람의 마음을 알게 된다는 뜻이다. 협상에서도 마찬가지다. 정해진 협상 시한 내에 협상 대상자의  마음을 알기는 쉽지 않다. 그러나 일회성이 아니라 지속적인 협상이라면 감정적인 측면과 이성적인 측면이 균형을 이룰 수 있도록 힘쓰면서 상대방을 온전히 설득해야 한다. 그리하여 상대방이 논리적으로나 심적으로나 이해하고 수긍할 수 있을 때, 비로소 협상을 성공적으로 풀어나갈 수 있게 된다.

2. 설득의 논리학

고대 그리스인들은 세계를 혼란 속의 질서로 보았다. 그리고 이것을 감정과 이성으로 파악했으며 특히 이성을 질서 있는 언어의 형태로 보았다. 질서 있는 언어의 형태란 이성적이고 논리적인 말로 여기서 파생된 Logic을 논리학으로 정의했다.

논리학은 추론과 증명 등 방법으로 논증하는 학문이다. 예부터 유명한 연설가나 설득의 대가들은 상대방을 효과적으로 설득하기 위해 논리학을 사용했다. 오늘날도 자신의 주장을 전달하고 설득하는 데 논리는 필수불가결의 요소다.

논리학에서 중요한 것은 논리적 서술인 명제와 이것을 증명하는 방법인 논증방법이다. 대표적으로 삼단 논법이 있는데, 이 또한 명제논리학(命題論理學 propositional logic)으로 부를 수 있다.

● 명제

명제란 참인지 거짓인지 판별이 가능한 내용을 서술한 것이다. 예를 들어 "삼각형 내각의 합은 180°이다."나 "대한민국의 수도는 서울이다." 등이 있다. "백두산은 높다."나 "마릴린 먼로는 섹시하다." 의 경우는 참과 거짓이 아니라 주관적인 판단이므로 보는 사람에 따라 달라질 수 있다. 이처럼 비교 대상이나 관점에 따라 바뀔 수 있는 것은 명제라고 하지 않는다.

명제에는 두 가지 요소가 있다. 하나는 가정(假定)이며, 다른 하나는 결론(結論)이다. "삼각형 내각의 합은 180°이다."라는 명제를 놓고 생각해 보자. 여기서 가정은 "삼각형이라면"이고, 결론은 "내각의 합은 180°이다." 이다. 이 명제가 참이라고 한다면, "삼각형 내각의 합은 180°이다."라는 것에 이의를 제기할 수 없다. 일단 명제가 논리적으로 증명이 되고 나면, 이 명제를 기초로 다른 명제를 증명할 수 있고, 또 다른 증명을 통하지 않고는 이의를 제기할 수 없다.

● 논증

논증이란 옳고 그름을 타당한 이유를 들어 밝히는 것이다. 명제가 가정과 결론으로 이루어져 참과 거짓을 판별할 수 있다면, 논증은 명제의 타당성을 증명하는 작업이라 할 수 있다.

논증은 먼저 신뢰할 수 있는 명제를 내세우고, 그 범위 안에서 조리 있고 타당하게 생각을 펼쳐나가면서 명제를 증명한다. 예를 들어, 데카르트의 "나는 생각한다. 고로 나는 존재한다."라는 명제를 생각해 보자. 이 명제는 서양철학의 인식론 역사에서 가장 중요한 명제다. 데카르트는 의심할 여지없이 확실한 명제를 찾기 위해 계속해서 의심하다가 '자신이 생각하고 있는' 것이 가장 확실한 사실이라는 것을 깨닫고, 존재 긍정의 명제를 이끌어냈다. 즉 인식론적 사유 실험에서 얻은 "나는 생각한다."에서 "나는 존재한다."라는 존재론적 명제를 추론해냈다고 볼 수 있다.

그렇다면 협상에서 쉽게 사용할 수 있는 논증방법은 무엇일까?

첫째, 협상에서 다루는 사안과 유사한 예를 들어서 설명하는 방법이다. 둘째, 비유로 설명하는 방법이다. 이것은 유비(喩比)의 논증이라고도 하는데, 쉽게 이해할 수 있는 것을 예를 들어 설명하는 것을 말한다. 이때 중요한 것은 비유의 적절성이다. 셋째, 인용으로 공정성을 확보하는 방법이다. 사회적으로 이름이 널리 알려진 사람이나 모두가 신뢰할 수 있는 자료를 인용하면 똑같은 뜻이라도 훨씬 설득력 있게 전달된다. 다만 인용할 때는 객관적이고 공정한 내용만 가려서 인용해야 한다. 넷째, 인과관계를 가지고 설명하는 방법이다. 모든 사건에는 원인과 결과가 있다. 명제가 가정과 결론으로 이루어져 있듯 협상에서도 가장 개연성(蓋然性) 있는 원인을 들고, 그에 연관된 사건들이 필연적인 결과를 도출한다고 증명하는 방법을 사용해 자신의 입장을 강화할 수 있다. 반대로 협상이 난항을 겪을 때에는 그 원인을 찾아 해결할 수 있다.

이제 구체적으로 삼단 논법을 살펴보자. 삼단 논법은 대전제와 소전

제, 그리고 결론으로 이루어진 연역적 추리법이다. 크게 정언적 삼단
논법, 가언적 삼단 논법, 선언적 삼단 논법이 있는데 정언적 삼단 논법
이 대표적이다. 정언적 삼단 논법은 "A는 C다. B는 A다. 따라서 B는 C
다."라고 증명하는 논법이다. 예를 들면 "새는 동물이다. 타조는 새다.
따라서 타조는 동물이다."라고 할 수 있다. 협상에서는 정언적 삼단 논
법을 사용해 "빠른 협상 타결을 위해서는 긍정적인 태도로 협상에 임
해야 합니다. 협상에 긍정적인 태도를 가진 협상 참여자들이 빠른 협
상 타결에 성공합니다. 따라서 긍정적 태도로 협상에 임해야 합니다."
라고 할 수 있다.

가언적 삼단 논법은 가언적 판단을 전제로 하는 논법으로 "A가 B라
면 C는 D다. A는 B다. 고로 C는 D다."라고 증명한다. 협상에서는 "만
일 당신이 우리 제품을 사용해 보면 품질이 얼마나 좋은지 알 것입니
다. 다른 회사에서 나온 저가품하고 비교가 되지 않을 만큼 뛰어나다
는 것을 알 것입니다. 따라서 당신은 우리 회사 제품에 대해 제 가격을
지불해도 괜찮다는 것을 알 것입니다."라고 할 수 있다.

선언적 삼단 논법은 선언적 판단을 대전제로 하고, 소전제에서 그 선
언지 가운데 하나를 긍정하거나 부정해서 결론을 이끌어내는 논법이
다. 협상에서는 "이 문제에 대해 가격을 낮추거나 공급일자를 맞추는
방법을 쓸 수 있을 것입니다. 그러나 우리 회사는 가격을 낮출 수 없습
니다. 따라서 공급일자를 원하는 때로 맞춰 드리겠습니다."라고 할 수
있다. 부정적 결론의 삼단 논법으로는 "만일 귀사가 가격을 3%만 낮추
어 주었어도 우리는 현금으로 지급했을 것입니다. 그러나 우리는 현금
으로 지급하지 않았습니다. 왜냐하면 귀사가 가격을 낮추지 않았기 때

문입니다."라고 할 수 있다.

삼단 논법은 작은 것부터 큰 것으로 전개할 수도 있고, 큰 것에서 작은 것으로 전개할 수도 있으나 사람들이 쉽게 수긍할 수 있는 것을 전제로 해야 한다.

마지막으로 딜레마 논법이 있다. 딜레마 논법은 상대를 설득하는 게 아니라 상대의 공격을 그대로 돌려주는 논법으로 양도 논법이라고도 한다. 딜레마 논법을 풀어보면 "P이거나 Q이다. 만일 P라고 한다면 R이다. 만일 Q라고 한다면 S이다. 따라서 R이 되거나 S가 된다."이다. 예를 들면 "네가 만일 정직하면 사람들이 증오할 것이고, 만일 부정직하면 신이 증오할 것이다. 너는 정직하든가 또는 부정직하다. 그러므로 너는 사람들에게 증오를 받든지 신에게 증오를 받는다."라고 하는 것이다.

예수님은 열두 살 때 랍비들과 토론하면서 바로 이 딜레마 논법을 사용했다. 누가복음(20:1-8)을 딜레마 논법으로 구성해보자.

① 예수께서 어느 날 성전에서 백성을 가르치시며, 복음을 전하고 계실 때에 대제사장들과 율법학자들이 장로들과 함께 예수께 와서,

② "당신은 무슨 권한으로 이런 일을 합니까? 누가 이런 권한을 당신에게 주었습니까? 어디 우리에게 말해 보십시오."라고 말하였다.

③ 예수께서 그들에게 말씀하셨다. "나도 너희에게 한 가지를 물어보겠으니, 나에게 대답해 보아라.

④ 요한의 세례가 하늘에서 온 것이냐? 사람에게서 온 것이냐?"

⑤ 그들은 자기들끼리 의논하여 말하였다. "'하늘에서 왔다'고 말하면 '어찌하여 그를 믿지 않았느냐'고 할 것이요,

⑥ '사람에게서 왔다'고 말하면, 온 백성이 요한을 예언자로 믿고 있으니, 그들이 우리를 돌로 칠 것이다."

⑦ 그래서 그들은 요한의 세례가 어디에서 왔는지를 모른다고 대답하였다.

⑧ 예수께서 그들에게 말씀하셨다. "나도 내가 무슨 권한으로 이런 일을 하는지를 너희에게 말하지 않겠다."

● 주장

흔히 협상에서 자신이 많이 주장하고 목소리를 높여 대화의 주도권을 잡고 있으면 유리하다고 착각하기 쉽다. 그러나 주장을 많이 할수록 상대방이 약점을 찾을 수 있는 기회를 많이 제공하게 된다. 상대방은 수많은 주장 가운데 단 하나 약점을 물고 늘어져 전체 주장을 모조리 매도할 수도 있다. 따라서 협상을 성공적으로 이끌려면 상대방의 입장과 주장을 충분히 고려하고, 자신의 주장에 상대방이 어떤 반응을 보이는지 면밀하게 살펴 대처해야 한다.

소피스트는 기원전 5세기에서 4세기에 걸쳐 고대 그리스 아테네에서 사상계를 주름잡던 사람들이다. 이들은 주로 철학과 수사학을 가르치는 교사들이었고, 이전의 자연철학자들과 달리 인간에 대해 관심을 가졌다. 후기에 이르러 변론술을 자기 이익을 위해 악용하는 경향을 보였는데, 훗날 플라톤과 아리스토텔레스가 소피스트를 '궤변론자'로 비판했다. 그 뒤로 소피스트는 궤변론자를 의미하게 되었다.

소피스트들은 매우 교묘한 논리로 논쟁을 이끌었다. 예를 들어, 소피스트가 누군가에게 물었다. "당신은 점을 그릴 수 있습니까?" 이때 상대는 매우 간단히 생각해서 점을 그린다. 그러면 소피스트는 이렇게 말한다. "당신이 그린 것은 점이 아니라 조그마한 원입니다. 이번에는 선을 그려 보십시오." 그래서 상대가 선을 그리면 소피스트는 다시 이렇게 말한다. "당신이 그린 것은 아주 작은 직사각형이지 선이 아닙니다."

논리적으로 점은 위치만 나타낼 뿐이지 어떠한 크기를 가질 수 없고, 선은 점과 점 사이를 연결하지 어떠한 넓이를 가질 수 없다고 정의한다. 그러나 점과 선을 그림으로 그리면 평면에 점과 선이 눈에 보이는 크기를 차지한다. 소피스트를 이점을 교묘하게 이용했다.

다음은 소피스트에 관한 재미있는 일화다. 잘 읽고 생각해 보자.

보통 소피스트들은 사람들에게 교습료를 받고 수사학을 가르쳤다. 그러던 어느 날 어떤 청년이 한 소피스트에게 수사학을 가르쳐 달라고 요청하면서, 법정 소송에서 이길 수 있을 정도로 잘 가르쳐주면 교습료를 내겠다고 했다. 그런데 수사학 강의가 끝나고 한참이 지나도 청년은 교습료를 내지 않았다. 소피스트가 청년을 상대로 소송을 걸자, 청년이 이렇게 말했다.

"이 소송은 제게 교습료를 내라는 소송입니다. 따라서 제가 이 소송에서 이기면 교습료를 내지 않아도 됩니다. 또한 제가 지더라도 교습료를 낼 필요가 없습니다. 왜냐하면 제가 소송에서 이길 수 있을 만큼 수사학을 잘 가르쳐줘야 교습료를 내겠다고 약속했으니까요."

이때 소피스트는 이렇게 응답했다.

"당신이 이기면 내가 제대로 가르쳐준 것이 분명하니 내게 교습료를 내야 한다. 그리고 당신이 지면 법원이 강제로 교습료를 내게 할 테니 결국 당신은 교습료를 내야 한다."

소피스트는 논리를 교묘하게 이용해 상대를 혼란에 빠뜨리곤 했다. 만약 협상에서 이러한 소피스트 방식처럼 논리를 펼친다면 어떻게 될까? 자기 궤변에 빠져 협상이 난항에 빠지거나, 상대방과 심한 논쟁을 벌이다가 협상 자체가 결렬될 확률이 높다.

명심하자. 협상에서 주장이란 자신의 논리를 우격다짐으로 밀어붙이는 것이 아니다. 상대방이 이해하고 납득할 수 있도록 논리를 전달하는 것이다.

3. 협상의 법칙

중국 춘추시대에 거문고의 명수 백아가 있었다. 백아에게는 백아가 연주하는 거문고 소리를 잘 듣고 이해하는 친구 종자기가 있었다. 백아는 그런 종자기를 아껴 '지음'(知音)이라고 불렀다. 자신의 거문고 소리를 알아주는 친구라는 뜻이었다. 그런데 종자기가 병으로 먼저 죽자 백아는 종자기의 죽음을 슬퍼하며 거문고 줄을 끊어 버렸다. 이후 백아는 두 번 다시 거문고를 연주하지 않았다. 여기서 '백아절현'(伯牙絶絃)이라는 고사가 유래했다. 백아가 거문고 줄을 끊었다는 뜻으로, 자신을 알아주는 참된 벗의 죽음을 슬퍼할 때 백아절현이라는 표현을 쓴다.

협상 참여자들이 서로 입장과 요구를 잘 알고 이해할 때 협상은 순조롭게 진행될 수 있다. 협상 참여자들은 협상을 성공적으로 진전시키고, 서로 만족할 만한 성과를 얻기 위해 다음 두 가지를 명심해야 한다. 하나는 서로 협력하지 않으면 어떠한 이익을 얻을 수 없으며, 다른 하나를 상대방도 자신처럼 서로 협력하기를 바란다는 것이다.

최근 심리학에서는 사람들이 상대방의 말에 협력할 수밖에 없는 원칙들(Principles of Persuasion)이 있다는 것을 밝혀냈다. 미 애리조나 주립대학의 심리학 교수인 로버트 치알디니(Robert Cialdini)는 『Influence: Science & Practice』를 통해 사람들에게 실제로 영향을 미칠 수 있는 원칙들을 소개한다. 치알디니의 여섯 가지 원칙을 살펴보자.

첫째는 상호성의 법칙이다. 문화인류학자 리키(Richard Leakey)는 상호성의 법칙이야말로 인간을 인간답게 만드는 가장 중요한 원천이라고 규정하고 있다. 이것은 인류 역사에서 원시 자급자족 사회를 교역사회로 도약시키는 모태가 되었다. 사람은 다른 사람에게 호의를 받으면 자신도 다른 사람에게 호의를 베푸는 경우가 많아진다. 『맹자』(孟子)에서는 "愛人者人恒愛之(애인자인항애지); 敬人者人恒敬之(경인자인항경지)"라고 했다. 남을 사랑하는 사람이 남에게 사랑을 받게 되고, 남을 존경하는 사람이 남에게 존경을 받게 된다는 뜻이다.

둘째는 일관성의 법칙이다. 일관성이란 방법이나 태도가 처음부터 끝까지 한결같은 것을 말한다. 간혹 일관성은 때에 따라 융통성이 없고, 상대방을 답답하게 만들 수 있다. 그러나 처음부터 끝까지 변하지 않는 모습을 보인다면 상대방에게 변하지 않는 믿음을 줄 수 있다.

셋째는 사회성의 법칙이다. 사회성이란 사회생활을 하려는 사람의 특성으로 사회에 적응하는 소질이나 능력, 원만한 대인관계를 말한다. 사람들은 사회성에 근거해 보통 혼자 있기보다 함께 어울리기를 좋아하며, 공통적인 관심사를 통해 공감대를 형성하기를 원한다.

넷째는 호감의 법칙이다. 사람은 다른 사람에게 호감을 가질 때, 한결 너그럽고 부드러운 모습을 보인다. 호감 받는 사람이 되려면 다음 두 가지를 명심해야 한다. 칭찬하는 것과 자주 접촉하는 것이다. 누구나 자신을 칭찬해주는 사람을 좋아하며, 드물게 보는 사람보다 자주 보는 사람을 친숙하게 느낀다.

다섯째는 권위의 법칙이다. 흔히 사람이 자리를 만드는 게 아니라 자리가 사람을 만든다고 한다. 같은 사람이라도 어떤 지위에 있느냐에 따라 사람들에게 미치는 영향력이 달라지기 때문이다. 그런 맥락에서 스탠리 밀그럼(Stanly Milgram)의 이야기는 매우 흥미롭다. 밀그럼은 실험을 통해 "일반적으로 사람들은 권위 있는 전문가의 말을 이성적인 판단에 의한 사실보다 우선시 하는 경우가 많다."고 입증했다. 또한 이와 유사한 연구 결과를 종합해 "사람들은 권위자들의 명령에 복종해서 그들이 시키는 어떠한 명령도 충실히 수행하려는 경향을 가지고 있다"고 결론을 내렸다.

여섯째로 희소성의 원칙이다. 예를 들어, 다이아몬드는 보석 가운데 가장 비싸다고 알려져 있다. 다이아몬드가 빛과 색이 예쁘고, 활용성과 경도에서 월등한 이유도 있다. 그러나 가장 큰 이유는 다이아몬드가 다른 보석보다 희소성이 있기 때문이다. 희소성에 관한 좋은 예가 있다. 어느 우표 수집가가 세상에서 두 장밖에 없는 우표를 하나 수집했다. 이 우표 수집가는 남은 한 우표를 경매로 산 다음, 받자마자 태워 버렸다. 이 모습을 본 사람들이 깜짝 놀라며 이유를 물어보니 우표 수집가가 이렇게 대답했다. "이제 제가 가진 우표는 세상에서 단 하나밖에 없는 우표가 되었습니다. 가격을 매길 수가 없지요." 희소성의 원칙은 사람들에게 선택의 기회를 곧 잃어버릴 수 있다는 두려움을 안겨준다. 그렇기 때문에 서로 먼저 차지하려는 경쟁 심리를 자극하고, 냉정하게 판단할 여지를 줄어들게 한다.

이상 6가지 원칙은 사회생활뿐만 아니라 협상에서도 매우 유용하게 사용할 수 있다. 협상 역시 상대방의 심리를 읽고, 적절히 대처하여 자신이 원하는 쪽으로 유도하는 과정이기 때문이다. 끝으로 상대방의 심리를 교묘하게 이용하는 예화를 들어보겠다.

『열자』(列子) 황제 편을 보면 '조삼모사'(朝三暮四) 일화가 나온다. 춘추전국시대 송나라에 저공이라는 사람이 있었다. 저공은 원숭이를 많이 길렀는데, 원숭이에게 줄 도토리가 부족해지자 이렇게 말했다고 한다. "앞으로 도토리를 아침에 3개, 저녁에 4개씩 주겠다." 그러자 원숭이들이 불같이 화를 내며 아침에 도토리를 3개밖에 먹지 못하면 배가 고파서 못 견딘다고 했다. 그래서 저공이 "그렇다면 아침에 4개, 저녁에 3개를 주겠다."고 하니 원숭이들이 좋아하며 고개를 끄덕였다.

지금까지 많은 사람이 조삼모사 일화를 눈앞에 이익에 어두워 총체적인 결과를 보지 못하는 사람을 농락하는 교묘한 속임수로 생각해왔다. 그러나 달리 생각하면, 명분이나 실질적인 측면에서는 변화가 없을지라도 상대방이 원하는 방식대로 했을 때 만족도가 높다고 볼 수 있다. 그런 맥락에서 조삼모사 일화는 곰곰이 생각해볼 만한 좋은 협상 사례다.

4. 설득의 대화술

대화는 목적에 따라 크게는 세 가지로 나눌 수 있다. 첫 번째, 단순한 정보를 전하는 경우다. 두 번째, 분위기에 맞춰 의식적 메시지를 전하는 경우다. 세 번째, 메시지를 통해서 어떤 목적을 이루려는 경우다. 협상은 이 가운데 세 번째에 해당한다. 대화를 통해 상대방이 충분히 알아듣고 이해해서 수긍하고 확신시키는 과정이기 때문이다.

● 대화 원리

(1) 대화는 언어적인 부분과 비언어적인 부분이 통합되어 이루어진다. 비언어적인 부분은 주로 메시지 자체의 언어적인 내용을 보충하고 강화해주는 역할을 수행한다. 따라서 언어적인 부분과 비언어적인 부분을 함께 중요하게 생각해야 한다.

(2) 대화는 일반적인 의사소통과 더불어 관계 형성 및 유지를 추구한다. 대화를 통해 정보를 전달하거나 요청 및 제안을 하는 등 상대방에게 직접적인 영향을 미치는 동시에 인간적인 유대관계를 더욱 밀접하게 만들고자 한다. 이 두 가지가 같이 이루어져야 진정한 대화라고 할 수 있다.

(3) 대화는 상황에 따라 적절히 달라진다. 대화는 언제나 구체적인 상황에서 이루어지기 때문에 언어적인 정보 이면에는 반드시 일정한 상황적인 정보가 밑바탕이 된다. 그러므로 대화의 성패는 상황에 맞는 적절한 언어와 비언어적인 행동에 달렸다고 볼 수 있다.

(4) 대화는 참여자들이 상호 표현하면서 의미를 만들어가는 협력의 과정이다. 대화를 할 때는 상대의 표현에 적절히 반응해야 하는데, 이 반응이 상대에게 새로운 의미를 전달해 적합한 방법으로 대화하게 한다. 이러한 상호작용이 새로운 협력적 의미를 만들어간다. 따라서 대화는 일방적일 수 없으며 반응하는 상대에 따라 적절히 대응하며 진행해야 한다.

● 특성

(1) 설득 대화술은 상대에게 반응을 이끌어내고, 영향을 주려는 대화술이다. 넓은 의미로 모든 일상적인 말하기가 포함된다고 볼 수 있지만, 서로 다른 의견을 가진 상대에게 가장 크게 영향을 미친다.

(2) 설득 대화술은 대화 목적과 관계 목적을 함께 추구하지만 자신의 의지대로 상대를 변화시키려는 목적을 가지기에 다른 대화술보다 대화 목적의 비중이 커지는 경우가 빈번하다.

(3) 설득 대화술 가운데 명령이나 강요는 상대방에게 수동적이고 소극적인 반응을 끌어내나 온전한 설득은 자발적이고 능동적인 반응을 끌어내 목표를 달성하는 데 더욱 유용하다.

(4) 설득 대화술은 다른 대화술보다 상대방의 변화를 목적으로 하기에 더 고차원적이고 분석적인 작업과 전략이 필요하다.

(5) 설득 대화술은 상황 의존성이 매우 강하다. 따라서 철저한 상황 분석에 따라 전략을 선택하고 실행해야 하는 조정 능력이 필요한 역동적인 과정이라고 할 수 있다.

(6) 설득 대화술은 상대가 내건 조건을 만족시키기 위해서 더욱더 철저한 준비를 바탕으로 상대방을 분석해야 하며, 그로 인한 변화에 신속히 대처할 수 있어야 한다.

● 방법

어떤 사실에 대해 옳다고 믿거나 해야 한다고 생각하는 내용을 상대방이 이해하고 수긍하게 하려면 대화를 통해 상대방을 설득해야 한다. 이때 대화에는 자신의 주장이 담겨 있어야 하며, 주장을 뒷받침할 수 있는 논리적이고 타당한 근거, 즉 논거가 따라야 한다. 설득 대화술에서 논거가 없으면 주장이 막연해지고 설득력을 잃는다. 더 나아가 대화의 목적마저 희미해진다. 그렇기 때문에 설득 대화술에서 논거는 필수불가결의 요소다. 특히 논거는 자신이 말하고자 하는 내용에 적합해야 하며, 증빙자료를 선택할 때는 신뢰성 있는 자료를 골라야 한다.

그리고 이러한 논거를 가지고 주장을 펼칠 때는 최대한 공손하고 정직한 태도를 보여야 상대방이 신뢰할 수 있고, 호의적으로 받아들이게 된다.

협상을 할 때는 먼저 자신의 입장과 주장을 뒷받침할 수 있는 논거를 충분히 준비하고, 다음과 같은 순서로 진행하면 된다.

(1) 참여시키기 — 상대방을 협상에 적극적으로 참여시키는 과정이다. 자신이 먼저 상대방에게 친밀감을 표현해 협상을 자연스럽게 진행하려는 목적으로, 일반적인 협상의 도입 부분에 해당한다. 예를 들어, 본격적으로 협상에 들어가기 전에 협상 대상자와 앞으로 진행될 협상에 대한 희망과 기대감을 표현하는 덕담을 나누며 긴장을 풀고 호의적인 분위기를 만들 수 있다. 이 과정에서는 협상에 앞서 상대방이 자신을 신뢰할 수 있게 만드는 것에 주안점을 두어야 한다.

(2) 논증 보이기 — 자신의 입장을 논리적이고 타당한 근거를 들어 상대방에게 증명하고 설득하는 과정이다. 논증을 할 때는 설명과 예시라는 두 가지 방법이 있다. 설명은 자신의 의견 및 주장의 정당성을 뒷받침하는 사실이나 이론 등 자료를 제시해서 말하는 방법이고, 예시는 설득하는 내용과 관련된 실제적인 예시를 여러 가지 들어 상대방이 가진 생각과 비교해 판단할 수 있게 하는 방법이다.

(3) 대안 제시 ─ 논증으로도 상대방의 부정적인 태도를 바꾸지 못했거나 상대방이 변화를 두려워하며 확신을 갖지 못할 때 취하는 조치다. 여기에는 변화의 당위성과 변화를 통해 얻을 수 있는 이익, 때로는 도덕적인 호소까지 포함된다. 대안 제시는 상대방이 자신의 설득을 받아들이지 않는 상황을 전제로, 선뜻 결정하지 못하는 원인에 대한 적절한 대책을 제시하거나 있을 수 있는 위험 요소를 제거한 다른 방안을 제안해서 상대방의 고충을 해결하고 타협점을 모색하는 방법이다.

이러한 순서와 방법으로 상대방을 설득할 때에는 몇 가지 유의 사항이 있다.

① 주제는 심사숙고해서 선정하고, 명쾌하게 제시해야 한다. 논거는 보편타당하고 시기적절 하면서 구체적인 예를 명료하고 간결하게 요약해서 말해야 한다.

② 상대방의 실태를 정확히 파악하고, 협상 스타일을 제대로 분석하여 동기를 유발하고 효과적인 설득 방법을 모색한다.

③ 논리적 호소와 감정적 호소를 적절히 활용한다. 감정적 호소에는 양심 찌르기, 동정 효과 노리기, 도덕성이나 의리를 강조하는 방법이 있다.

④ 상대방의 처지를 이해하고 화제와 분위기에 맞는 이야기를 해야 한다. 특히 상대에게 대화의 주도권을 주어 상대가 먼저 말하도록 한다.

⑤ 효과적으로 설득하려면 전반적으로 상대를 배려해야 하고, 때로는 치켜세우거나 맞장구를 쳐야 한다. 적당한 아부와 아첨은 사람을 기분 좋게 만든다.

⑥ 상대방을 존중하며 예의바르게 말하고 행동해야 한다. 상대방을 존중해야 자신도 존중받고, 상대방에게 예의를 지켜야 상대방도 예의로 대한다.

⑦ 상대방의 말을 가로채거나 혼자 일방적으로 장황하게 이야기해서는 안 된다. 상대방의 말을 주의 깊게 듣고, 절대 도중에 끊지 않도록 한다. 만약 상대가 너무 길고 지루하게 말한다면 요점만 말해 달라고 정중하게 요청한다.

⑧ 인내심과 지구력을 가지고 상대를 설득해야 한다. 한 번에 설득되지 않으면 상황과 방법을 바꾸어가면서 계속 설득해야 한다.

치알디니를 통해 알아보는 설득에 필요한 원칙

① 상대방의 상황을 고려해야 내 상황도 이해받는다.

② 처음부터 끝까지 변하지 않는 모습을 보인다.

③ 사회성을 길러 원만한 대인관계를 유지한다.

④ 상대방에 대한 칭찬과 접촉으로 호감 받는 사람이 된다.

⑤ 자신의 위치에 맞는 권위와 위엄을 갖춘다.

⑥ 경쟁 심리를 자극하도록 희소성을 높인다.

1. 백중지세의 묘미를 느끼자

우리가 게임이나 경기를 관전할 때 하나마나한 경기를 보는 것만큼 재미없는 것이 또 있을까? 안 봐도 승부를 예측할 수 있는 게임은 흥미를 갖지 않는다. 그러나 예측불허한 경기가 진행되면서 시소게임이 되거나 용호상박(龍虎相搏)의 모습을 보이면, 경기 내내 손에 땀을 쥐며 몰두하며 보게 된다. 그리고 그렇게 끝난 경기는 우리가 응원한 쪽이 지게 되면 아쉬움이 남을지라도 선전한 것에 대해서는 박수를 치고 환호하게 된다.

협상에서도 이와 비슷하다. 협상에서 그 결과의 기울기가 미리 정해져 있다면, 참여하는 자들에게 흥미를 주지 못할 것이다. 어느 정도는 힘에 있어서 우리와 상대방 사이에 균형이 이루어져야 멋진 협상게임을 만들어갈 수 있으며, 그 과정에 대해서도 최선을 다할 수 있고, 그 결과 서로가 만족스러운 결정을 얻게 된다.

협상의 배경에서 힘이라는 말은 협상을 주도하는 협상력을 말한다.

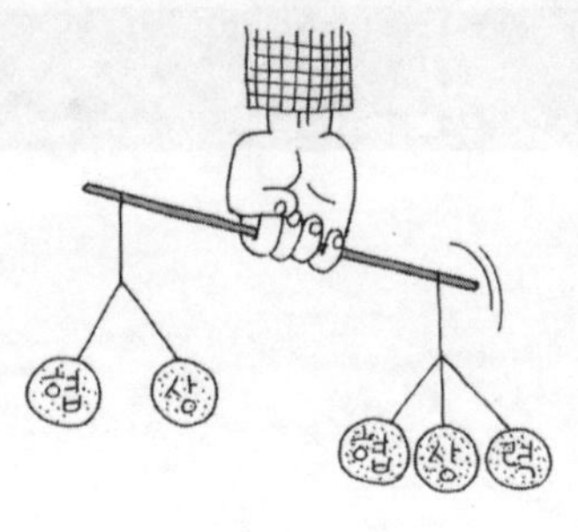

한쪽에서 힘을 과도하게 행사하면 반대편에서는 자연스럽게 적대감과 거부감, 복수심 등을 유발하게 된다. 사람들은 협상력이 대부분의 경우에 협상 당사자가 속한 회사의 배경과 조건에 크게 좌우된다고 생각한다. 그러나 실제로 협상을 좌우하는 것은 협상자의 전문성과 협상기술이 상황과 어떻게 조화를 이루는가에 달려 있다. 협상이 협상 참여자의 능력에 크게 영향을 받는 것을 잘 보여주는 예가 바로 고려 때 시랑 서희의 예이다.

서희는 고려 성종 때 병부상서에 올랐던 인물로, 거란족이 80만 대군을 이끌고 압록강을 넘어 청천강까지 쳐들어온 시점에서 눈부신 활약을 보였다. 나라의 위기상황에서 많은 신료들은 땅을 주고서 화친을 맺자고 했지만, 서희는 조상이 피 흘려 얻은 땅을 적에게 내줄 수 없다고 생각해서, 어려운 처지에서 적의 장수 소손녕과 협상에 들어갔다.

서희를 만난 소손녕은 "고려는 신라 땅에서 일어났다. 고구려 땅은 우리 거란의 소유인데 그대 나라가 침범했다. 또 우리와 국경을 맞닿았는데도 고려는 바다 넘어 송을 섬기고 있다. 그 때문에 오늘의 출병이 있게 된 것이니, 만일 땅을 떼어서 바치면 고려는 무사할 수 있을 것이다"라고 말했다. 이에 서희는 오히려 "고구려를 계승한 나라는 고려이며, 거란의 동경(요양)이 오히려 고려 땅이다. 거란과의 교섭이 막혔던 것은 강동 6주를 가로막고 있는 여진 때문이므로 그들을 내쫓고, 그 땅을 고려에 돌려줘 성을 쌓고 길을 통하게 한다면 거란과 수교하겠다."고 제안했다.

서희가 이렇게 대등한 입장을 만들어 협상을 할 수 있었던 것은 거란의 속내가 점령보다는 복속에 있음을 간파했고, 시대적으로 거란이 송나라의 위협을 걱정하고 있다는 외교적 분석을 했기 때문이다. 그리고 명분과 실리라는 면에서 적에게 적절한 명분을 주면서 실리를 취할 수 있는 능력이 있었고, 안용진 전투에서 거란이 패한 상황을 잘 이용할 줄도 알았다. 따라서 국력의 규모로는 고려가 열세였음에도 불구하고, 시대적 정황과 역사적 전문성을 바탕으로 유리하게 담판을 지을 수 있었다. 그 결과 서희의 요구는 요나라의 성종에게 받아들여져서, 서희는 절체절명의 위기에서 나라를 구했을 뿐만 아니라, 강동 6주라는 군사적 요충지마저 얻었던 것이다.

독도를 일본 땅이라고 주장하고 이어도를 중국 땅이라고 주장하는 국력을 앞세운 터무니없는 현재 우리나라를 둘러싼 영토분쟁에서, 우리에게 만주 땅을 가져오고 대마도를 가져올 수 있는 서희와 같은 외교적 역량을 가진 협상가가 필요하다는 현실을 느끼게 하는 이야기다.

협상을 하다보면 외견상 협상력을 어느 쪽이 더 많이 가지고 있는지 파악할 수 있다. 통상적으로 상대방이 강하다고 하면 우리는 움츠려들기 쉽고, 우리가 더 세다고 볼 때는 상대에게 무례를 저지를 수도 있다. 힘이 누구에게 더 있든지, 협상력이라는 것은 잘 사용했을 때는 상대에게 호감을 주고 협상을 신속하게 끝내는 데 도움이 되지만, 반대의 현상이 일어날 수도 있다.

불행하게도 많은 사람들이 강제로 자기가 원하는 합의를 이끌어내기 위해 힘을 과도하게 사용하다가 상대방에게 굴욕을 안겨주는 실례를 범하는 경우가 많다. 이것은 바로 협상력의 오용이라고 말할 수 있다. 따라서 우리가 상대방보다 더 큰 힘을 갖고 있다면 긍정적 협상 분위기를 유지하기 위해 힘을 조심스럽게 사용해야 할 것이다. 만약에 남용한다는 생각이 들면 즉시 국면을 전환해서 분위기를 회복할 수 있도록 조정해야 한다.

협상에서도 막상막하의 상태를 실타래 풀듯이 풀어가는 과정이 더욱 협상의 묘미를 준다는 것을 기억하고 협상에서 균형이 이루어지는 방향으로 힘을 사용하자.

2. 진정한 양보를 이해하자

살수대첩으로 유명한 고구려 장수 을지문덕이 수나라 장수 우중문에게 보낸 시(與隋將于仲文)에 보면 이러한 표현이 있다.

"이미 싸움에서 이긴 공적이 높으니, 바라건대 제 분수를 알고 그만 돌아가는 것이 어떠한가?"(戰勝功旣高 知足願云止)

이미 전공이 많다는 이야기는 그동안 고구려가 수나라에 치고 빠지는 수법으로 여러 번 패퇴의 모습을 보여줬다는 것이다. 이러한 계략에 우중문은 식량이 부족함에도 평양성 점령에 눈이 멀어서 계속적인 공격을 감행했고, 급기야 자신의 실수를 알고 퇴각을 할 때 살수에서 수공(水攻)에 의해 병력의 대부분을 잃고 말았다.

전쟁에서 힘이 강하다고 생각하는 쪽은 전진하게 되고, 약하다고 생각하는 쪽은 상대와 맞서 싸울 수 있는 고지에 도달할 때까지 후퇴하는 수밖에 없을 것이다. 그러나 결국에는 적의 공세를 막아내야만 하는 지역에서는 결사항전을 펼쳐서라도 그 고지를 사수해야 하는 것이 자명하다.

협상에서 상대방이 강자라고 계속적으로 요구하면, 약한 쪽에서 취할 수 있는 방법 가운데 하나가 양보하는 것이다.

그런데 양보라는 것도 강요가 아닌 자의적 행동일 때 양보라고 하지, 강요에 의한다면 그것은 강탈이다. 길에서 불량배를 만났을 때, "돈이 필요한데?"라는 말에 지갑을 주고, "휴대폰이 신형이네?"라는 말에 휴대폰을 주고, "옷이 멋있는데?"라는 말에 옷을 벗어줬다고 치자. 과연 이것을 양보라고 할 수 있을까?

이 이야기는 상대가 해달라는 대로 다 해준 것을 양보라고 할 수 없다는 의미다. 협상에서 상대방이 무리한 요구를 계속한다면, 그것은 명백한 힘의 남용이며 이것을 받아들이는 우리의 태도는 양보의 미덕을 느낀다기보다는 수치(羞恥)에 해당될 것이다.

그래서 양보는 우리 쪽의 힘이 약할 때 취할 수 있는 방법이지만, 그것은 미덕이 아니라 상대의 힘을 조절하는 하나의 협상전략이 되어야 한다. 그런 점에서 협상에서 막연한 양보는 미덕이라고 할 수 없다. 그래서 우리는 양보를 할 때 몇 가지 사항을 고려해야 한다.

● 절대 양보할 수 없는 것도 있다.

협상에 들어가기 전에 양보할 수 있는 최대한의 한계를 설정해야 한다. 그리고 양보할 수 있는 한계 안에서 상대의 반응에 따라 그 양을 조절해야 한다. 그러나 때에 따라서 사안별로 양보할 수 없는 것들이 있다. 그러한 항목은 결단코 양보해서는 안 된다. 그것을 양보함으로써 얻을 수 있는 대가가 양보하는 것보다 큰 것이 아니면 양보하지 말아야 한다. 또한 마지막 보루라고 생각하는 항목은 협상이 깨질지라도 양보해서는 안 된다. 한 가지 양보로 인해서 전체를 다 내놓아야 하는, 협상의 근간이 되는 것은 양보하지 말아야 한다.

이렇게 하기 위해서는 협상에서 양보할 수 있는 것과 없는 것을 확실히 파악하고서 협상에 임해야 할 것이다.

● 양보의 크기를 조절하라.

우리가 쇼핑센터에 갔을 때 할인의 정도가 큰 것을 보게 되면, 적게 할인해주는 것보다 그 물건을 선택하게 된다. 그것은 우리가 잠재의식적으로 더 많은 이익을 보았다고 생각하기 때문이다. 기왕 양보를 하는 입장이라면, 이처럼 협상에서도 상대방이 큰 혜택을 봤다고 느낄 수 있도록 만드는 것이 필요하다. 이는 협상의 분위기를 좋게 만들고 그로 인해 필요한 것을 더 많이 얻는 결과를 만들기도 한다.

이렇게 하기 위해서는 먼저 높은 가격을 부르는 것이 좋다. 가격이 결정되는 일반적 범위는 우리가 부르는 최고가격과 상대가 부르는 최저가격의 중간이 되는 경우가 많다. 그래서 높은 단가를 선점하고 협상으로 가격을 낮추면 상대방은 더욱 많은 할인 혜택을 봤다고 느낀다. 그리고 처음 양보 시에는 할인을 많이 해주고 점차 할인 폭을 줄여야 한다. 즉 받아야 할 마진폭을 결정해놓고 그 가격대가 결정될 수 있도록 처음보다 적게 1/2 → 1/4 → 1/8 등으로 할인해주어야 한다.

처음보다 나중의 할인이 많으면 상대방은 협상의 진행을 잘못 이끌고 왔다는 생각을 하게 된다. 그래서 할인 폭은 점점 적게 그 횟수도 많지 않게 하는 것이 좋다.

● 시간을 끌며 양보하라.

협상도 일종의 게임이다. 그러기 때문에 서로 밀고 당기는 접전 가운데 그 결과가 나와야 재미가 있으며, 결과에 만족감을 느낀다. 또한 협상가들 가운데는 이러한 협상과정을 즐기는 사람도 있다. 그래서 기대했던 협상이 너무 쉽게 타결되면 오히려 허탈감을 느끼게 할 수도 있다. 마치 어떤 무사가 아버지의 원수를 갚고자 괴팍한 도사 밑에서 다년간 무예수련을 하고 원수를 찾아가 보니, 그 원수는 칼도 제대로 들지 못하는 사람으로 변해 있었던 것과 같다. 바둑을 둘 때도 상대가 이렇다 할 접전 없이 불계패를 선언한다면 승리에 대한 기쁨보다 씁쓸한 기분을 느끼게 된다.

협상에서도 우리가 내어놓은 요구 조건을 상대가 곧바로 승낙한다면, 우리는 고민을 많이 한 협상이 예외적으로 쉽게 타결되었다고 생각되지 않고, "좀 더 까다로운 요구를 했어야 했는데."라거나 "너무 쉬운 조건을 내걸었나 보다."라고 생각하게 된다. 그래서 우리는 상대방이 양보를 원할 때 양보할 수 없는 것을 양보하는 모습으로 보여야 한다. 양보해서는 안 되는 것인데, 특별히 상대방에게 하는 것으로 보이게끔 어느 정도 생색을 내면서 양보해야 한다. 또한 너무 쉽게 상대의 요구를 수락하지 말고, 상대의 감정이 많이 상하지 않을 정도까지 미루고 미룬 다음에 양보를 해야 한다.

기억하자. 협상에서는 모든 것이 협상 참여자의 노력의 결과나 배려로써 나타나도록 해야 더욱 값진 협상결과가 나오는 법이다.

● 무조건의 양보는 없다.

핑계 없는 이유가 없듯이, 조건 없는 양보는 하지 않는 편이 낫다. 최소한 상대방에 대한 환심사기나 체면유지라는 정도의 이유라도 말해주고 양보해야 한다. 예로써 다음과 같은 이유를 붙일 수 있을 것이다.

"다른 분이면 이런 부탁 들어 드릴 수 없지만, 특별히 김 과장님을 생각해서 저희 쪽에서 이번만 양보하는 것입니다."

"원래는 그 문제에 대해서 AS를 할 의무는 없지만, 특별히 협상대표로 나오신 김 과장님의 체면을 생각해서 이번 한 번은 저희가 양보하겠습니다."

협상에서 무조건 양보란 없다. 무조건 양보 끝에는 무조건 항복만이 있을 뿐이다. 그래서 양보를 해줄 때마다 다른 새로운 조건을 내걸어야 한다. 예를 들면 다음과 같은 말을 활용할 수 있을 것이다.

"그러면 이것을 우리가 양보할 터이니, 납품은 저희가 2차에 걸쳐서 나누어서 보내겠습니다."

"그러면 원하시는 대로 납품시일을 3일 앞당기겠습니다. 대신에 결제를 이틀 먼저 해주시겠습니까?"

협상은 우리가 아는 대로 주고받는 것이다. 받았으면 상대에게 주어야 하고, 주었다면 상대에게 받아야 하는 것이 제대로 된 협상이다. 협상에서 양보란 상대가 원하는 것을 받아주는 것이며, 이것은 바로 상대에게 먼저 주는 것이 된다. 그래서 상대방에게서 조그마한 무엇이라도 받을 수 있는 상태를 유지하는 양보를 해야 양보를 하는 법을 제대로 익혔다고 말할 수 있다.

3. 합종연횡이란 카드

대한민국의 국부 우남 선생께서는 "뭉치면 살고, 흩어지면 죽는다." 라는 말씀을 자주 하셨다. 어느 때보다도 우리나라의 단결이 요구되는 상황이기에 그렇게 말씀하셨을 것이다. 또 오우삼 감독의 영화《적벽대전》을 보면, 승상 조조의 남정에 대항하고자 유비와 손권은 동맹을 맺는다. 여기서 동맹의 사절로 총사령관이 된 주유가 유비를 찾아가서 만나는 장면이 나온다.

짚신을 만들고 있던 유비는 주유를 보자 군대가 얼마나 되냐고 물었다. 이때 주유가 3만이라고 말하자, 이내 유비와 부하들은 조조의 군대 80만에 비해서 너무나 적어서 실망의 빛을 보인다. 이때 주유가 지푸라기를 들면서 이렇게 이야기한다. "여리고 여린 지푸라기 하나는 잡아당기면 툭하고 끊어지지만 지푸라기를 엮어서 짚신을 만들면 단단하고 질긴 신발이 된다. 하나면 힘들지만 뭉치면 가능하다."(上下一心 沒有人能泚得斷)

합종연횡(合縱連衡)이라는 말은 중국 춘추전국시대에 강대한 진나라에 대항해서 남은 나라가 연합을 해야 한다고 말한 소진의 합종설과, 진나라와 동맹을 맺어서 안위를 보존해야 한다는 장의의 연횡설을 합쳐서 일컫는 말이다. 여기서는 합종이 더 말하고자 하는 뜻에 가까우나 현재에는 전략적 제휴를 가리키는 말로 사용되기에 알기 쉽게 같이 써보았다.

협상에서는 협상력이 존재하며, 서로가 자기에게 유리한 결과를 이끌어내기 위해서 영향력을 행사한다는 것을 우리는 알고 있다. 대체로 힘이 강한 쪽이 협상의 결과에 대해 부담이 적으며 그렇지 않은 쪽에 비해서 그 영향도 적게 받는다. 그래서 힘이 강한 쪽은 협상의 실패에 대해 더 큰 부담을 갖는 상대방을 향해 자기에게 더 유리하도록 옵션을 제안하며 압력을 행사하기 쉽다. 이럴 때 약한 쪽에서도 협상의 목적을 위해서 힘을 사용하게 되는데, 그것을 우리는 레버리지(Leverage)라고 부른다.

약한 쪽에서 사용할 수 있는 레버리지에는 바로 위에서 보는 것과 같이 작은 기업들을 모아서 컨소시엄을 형성해 강한 쪽을 상대하는 방법이 있다. 이러한 형태는 노동자의 권익을 위해서 개개인이 회사와 협상하는 것보다 노조를 결성해서 협상하는 것이 유리하다는 것과 같은 이치다.

또한 소비자들이 잘못된 판매로 인해 기업을 상대로 손해배상을 청구할 때도, 같은 피해를 입은 사람들과 함께 소송을 제기하는 것이 혼자서 상대하는 것보다 그 숫자만큼이나 더욱 유리하다는 것과 같다.

예를 들면, 자동차 부품을 생산하는 회사는 자동차 회사에서 하청을 받아야 회사가 유지될 수가 있다. 이것을 잘 아는 자동차 회사는 부품 납입의 조건으로 어음결제를 하거나 지불기한을 연장해도, 납품처를 잃을 수 없으므로 자동차 회사의 요구에 응할 수밖에 없다. 그러나 자동차 회사도 부품을 제대로 공급받을 수 없으면 자동차를 만들 수 없다. 이럴 때 같은 어려움을 당하는 부품회사들이 모여서 자동차 회사를 상대로 대항력을 키워서 상대하는 것이 바람직하다.

4. 때로는 위위구조로

중국 전국시대 때 위나라는 조나라의 한단을 공격했다. 위협을 느낀 조나라는 이웃 제나라에 가서 구조를 요청했다. 이때 제나라의 군사는 그 유명한 손빈이었다. 손빈은 총수인 전기에게 직접 한단으로 가서 위나라와 싸우는 것을 막고, 대신 위나라의 수도 대량으로 쳐들어가는 것이 적의 허점을 노리는 전략이라고 건의했다. 전기는 손빈의 말대로 위나라를 공격했고, 조나라를 포위하고 있었던 위나라 병사들은 퇴각할 수밖에 없었다. 이때 제나라는 대량으로 오는 길목인 계릉에 복병을 숨겨두었고, 퇴각하는 위나라 병사들을 맞이해 대승을 거둘 수가 있었다.

이처럼 적군이 다른 나라와 교전을 벌이고 있고 쌍방이 대치하고 있어 승부가 나지 않을 때, 적국의 본거지를 습격해 문제를 해결하는 방법을 위위구조(圍魏救趙)라고 한다. 사전적인 뜻은 위나라를 포위해서 조나라를 구한다는 말이다.

협상에서 약자가 강자를 상대하는 것은 결코 쉬운 일이 아니다. 이럴 경우에 사용할 수 있는 방법이 바로 이해관계가 있는 제3자를 동원해서 문제를 해결하는 방법이다.

우리 사회에서 흔히 사용되는 방법은 경찰이 인질범과 대치해서 협상을 벌일 때, 그 인질범의 가족, 특히 어머니를 모시고 나와서 자수를 권유하는 것이다. 모정이나 가족애를 통해 호소함으로써 인질범의 양심을 자극하고 무분별한 행동을 자제하도록 만들어 더 이상의 범죄를 저지르지 않게끔 만드는 것이다.

우리가 이역만리의 월남전이나 이라크전에 참여하게 된 배경으로써, 동맹국인 미국의 요청을 거절할 수 없는 이해관계도 이것과 연관이 있다. 미국은 자신들이 벌여놓은 일에 동맹국이라는 이유로 우리에게도 협조할 것을 요구했고, 우리는 일제강점기와 한국전쟁 때 군인들을 보내 도와준 미국의 호의를 무시할 수 없었으므로, 그 요구를 받아들일 수밖에 없었다. 이때 미국이 우리에게 사용한 방법이 넓은 의미에서 위위구조(圍魏救趙)라고 볼 수 있다.

또한 통치기반이 약한 지도자가 정권안정을 위해 외국과 전쟁을 일으켜 자국 내의 불만세력이나 경쟁세력을 전쟁터로 내보내서 자신의 통치력에 반발하지 못하도록 하는 것도 위위구조에 포함될 수 있을 것이다.

협상에서 위위구조를 살펴보자. 단독적으로 협상에 임할 경우, 상대적으로 취약한 우리 측의 손해가 당연시될 경우, 상대방이 협상의 진행과정을 독점하지 못하도록 제3자의 중재자를 동원하는 것이 위위구조다. 이를 통해 제3자로 하여금 상호를 감시하게 하므로 상대방이 공평하게 협상력을 발휘하도록 만드는 것이다.

5. 위기를 기회로 만드는 법

협상에서 위기가 닥쳤을 때는 위기를 기회로 살려야 한다. 어떻게 살려야 할까? 약자가 약한 이유는 바로 약점이 있기 때문이다. 그래서 실제로 협상을 앞두고 자신의 약점을 아는 기회를 가질 필요가 있다. 그러면 바로 이 위기를 기회로 만드는 기적을 일으킬 수 있다.

　먼저 우리는 "정말로 약자의 입장에서 협상을 하고 있는 것인가? 그냥 그렇게 생각을 하고 있는 것인가?"라는 문제에 대해 자문자답을 해야 한다. 대체로 많은 사람들이 너무나 자신의 약점을 과장하고 그 약점이 상대방의 것보다 더 크다고 생각한다.

　가나안 정복을 앞두고 이집트를 탈출한 이스라엘 사람들은 그들이 정복해야 할 가나안 용사들을 너무 크게 두려워한 나머지 자신들을 메뚜기로 비유했다. 우리는 상대방이 협상에서 유리한 카드를 쥐고 있다고 생각하기 쉬우나, 그것은 단지 상대방의 장점을 알고 있는 것에 지나지 않는다. 그러나 상대방은 우리의 약점이나 장점을 모르고 있을 가능성이 많다.

　양궁에서 보면 잘 쏘는 사람은 어떤 경우에든 감정을 잘 조절해 끝까지 잘 쏘는 경우가 많고 못 쏘는 사람은 처음에는 높은 점수를 맞혀도 경기가 계속되면 결국에는 자신이 갖는 중압감을 이기지 못하고 지는 경우가 많다. 양궁이 세계적으로 많이 평준화된 현재의 시점에도 나라별로 이러한 차이가 벌어지는 것은 실력이 아니라 마음가짐 때문이다. 세계 최고의 양궁 실력을 가진 우리나라 궁수들은 처음에 10점을 못 쏘았어도 곧 10점을 맞힐 것이라고 기대하며 쏘지만, 다른 나라 선수들은 처음에 10점을 맞혔어도 다음에 실수할 것이라고 생각하면서 쏜다.

　실력의 차이는 크지 않지만 그동안의 지녀온 명성 때문에 계속 10점을 맞힐 것이라고 생각하면서 쏘는 것과 어쩌다 10점이 맞았을 뿐이라고 생각하면서 쏘는 것의 결과는 크게 다른 것이다. 그래서 위기를 기회로 만들기 위해서는 먼저 자신감을 가져야 한다. 협상테이블 건너편에 있는 상대방도 어쩌면 우리를 두려워하고 있을지도 모른다.

다음으로 우리가 생각할 수 있는 방법은 목표를 수정하는 것이다. 통상적으로 협상에서 약자가 되는 경우는 구매자보다 판매자일 때, 물품을 구하는 것보다 납입해야 하는 처지가 될 때가 많다. 같은 업종의 경쟁자들은 많고 수요자가 부족할 때, 구조적으로 약한 쪽에 처하는 경우가 많아진다.

우리는 계약을 맺어야 하지만 어느 정도 필요한 이익은 반드시 챙겨야 한다. 만약 합병을 하게 되는 경우, 통째로 우리를 삼키려는 상대방의 의도에 사업파트너로서 남든지 아니면 가장 좋은 조건에 매각을 해야 할 것이다. 이 경우에도 상대방보다는 확실히 약한 입장에서 협상을 진행할 수밖에 없다. 그러나 어느 경우이더라도 반드시 분명히 해야 할 것이 있다. 그것은 우리의 목표를 잃어서는 안 된다는 점이다.

협상에서 목표라는 것은 협상할 이유이다. 그것이 약간 수정되거나 변경될 수는 있지만 본래의 협상하고자 했던 취지를 잊어서는 안 된다. 기본목적을 분명히 하고, 협상의 상황을 약간 변경할 수는 있다. 이렇게 협상을 이루기 위해서 공동투자자나 사업파트너를 끌어들이거나, 전문가를 찾아 도움을 청해 주어진 현실을 보다 객관적으로 분석해 보자. 상대방이 가장 눈독을 들이는 주요 관심사를 파악해서 더욱 더 좋은 협상조건을 내걸 수 있는 상태로 만드는 것도 중요하다. 협상의 크기를 더욱 확장해서 상대방에게 더욱 많은 수익을 줄 수 있게 함으로써 반사이익을 얻을 수도 있다. 목표에 집중하고 자신감을 가지고 협상에 임한다면, 우리에게 보였던 위기는 다시 주어지는 기회가 될 것이다.

6. 난공불락을 탈출하는 법

협상을 하다보면 상대하기 곤란한 협상자를 만나는 경우가 있다. 협상타결이 쉽게 되지 않는 난공불락의 요새를 앞에 두고 있는 것처럼 더 이상의 진전이 없는 경우도 있다. 이처럼 우리가 협상을 마무리 짓기 힘들게 하는 몇 가지 유형이 있다.

첫째는 '시지프스형'이라고 한다. 이 유형은 막다른 골목에 다다를 때마다 후퇴하기를 여러 번 반복하면서 어렵게 이끌어온 협상이 합의점을 찾게 되면, 다시 그 결과를 원점으로 돌리는 것이다. 협상의 진전을 보이며 열심히 진행한 것 같은데 목적지를 앞두고는 항상 협상 이전의 출발선상에서 다시 시작하게 만드는, 다시는 만나기 싫은 유형이다.

둘째로 '콜롬보형'이 있다. 이 유형은 기본적인 협상진행을 하다가 하나의 사안이 타결되면, 추가로 부속적인 협상제안을 하는 형태이다. 마치 깜박 잊었다가 새로 생각난 것같이 하나의 안건이 해결될 때마다, 새로운 덤을 요구한다. "아참! 그렇게 되면 10% DC는 확실히 해주실 거죠?" 이 유형은 협상에서 우리를 매우 약이 오르게 만드는 상대이다.

셋째로 '햄릿형'이 있다. 협상에서 서로 충분히 대화가 오가고 서로가 상대방의 입장차와 공통된 관심에 대해서도 다 이야기를 나눴다. 우리가 이해가 다 되었다고 생각해 합의점을 찾고 합의안을 만들려고 하면, 쉽게 결정을 내리지 못하는 유형이다. 때에 따라서는 우리의 설명을 다 듣고서 정작 자신은 그런 결정을 내릴 위치에 있지 않다고 말하기도 한다. 서로 대화는 쉽게 통하지만 결정을 내릴 듯 말 듯 망설이는 이런 유형은 우리를 피곤하게 만든다.

이처럼 협상이 우리가 희망한 대로 진행되지 못하고 마치 교착상태에 빠진 것처럼 되었을 때는 우리도 나름대로의 탈출 방법을 강구해야 할 것이다. 이것에 대해 박신철의『한국형 협상의 법칙』에 나오는 방법을 소개해본다. 이 방법들은 이미 알고 있는 일반적 방법이기에 별로 어렵지 않게 이해할 수 있어 도움이 될 것이다.

첫째, 협상이 교착되었다고 해서 당황하면 안 된다. 일단 시간을 가지고 기다리며, 상대의 입장도 알아보고, 현재까지의 협상상황을 분석하며, 협상을 재개할 기회를 엿본다.

둘째, 협상 재개에 대한 상대의 의중을 떠본다. 서로의 체면을 살리면서도 협상 재개에 대한 상대의 의중을 떠보는 시도를 한다.

셋째, 그동안의 협상을 통해 상대방에 대한 감정이 좋지 않을 수도 있다. 이럴 경우에는 중립적인 입장에 있는 제삼자를 중개자로 활용하는 방법도 좋다.

넷째, 상대방의 이해관계자들과 개별 접촉을 통해 그들의 협력을 요청하고, 자신의 입장에 대한 지지를 당부할 수도 있다. 즉 상대방 인원과의 개별 접촉을 통한 협상 재개나 타협의 기회를 모색하는 방법이다.

다섯째, 담당자와 협상을 하다가 그의 장벽에 막혀 오도 가도 못하게 될 때, 더 높은 사람을 찾아가는 것도 하나의 방법이다. 실무자 선에서는 승인을 해주고 싶어도 더 높은 분들이 있기 때문에 못해 주는 경우가 많다. 따라서 이런 경우에는 더 큰 일을 해결해줄 수 있는 높은 자리에 있는 사람을 찾아가는 것도 좋은 방법 중 하나이다.

여섯째, 상대의 체면을 살려주는 방법이다. 이해관계가 그리 크지 않은 상징적인 것을 양보하면 사태는 체면을 살리고, 협상 타결의 명분을 얻게 되어 교착 상

필자는 난공불락의 상태를 극복하는 방법으로 간단히 "철조망 통과 요령"을 생각해볼 것을 권한다. 협상에서 만나는 아주 심한 어려움을 철조망으로 생각해 보자. 어떻게 처리할 수 있을까?

우선 낮은 포복으로 철조망 아래로 지나가는 방법이 있다. 이것은 시간이 많이 걸리고 옷에 흙을 묻혀야 하며 고생이 된다. 협상에서도 인내를 요구하며, 수고를 감내해나가는 경우로 해석하면 된다. 겸손하게 낮추면 낮출수록 통과는 용이하지만, 그만큼 속도는 더디게 되고, 고생에 대한 참음이 많이 필요한 방법이다.

다음으로 절단하며 전진하는 방법이 있다. 하나둘씩 철조망을 자르면서 그 틈을 헤치고 통로를 개척해나가는 것이다. 협상에서 이 방법은 서두르지 않고 한 단계씩 차분하게 문제를 해결하려는 시도이다. 일괄적 협상타결은 그만큼 힘이 드니까 합의할 수 있는 문제만이라도 해결해나가는 방식이다. 그러다 보면 전체 의제에 대해서도 합의할 수 있게 된다.

또 하나의 방법은 폭파해서 장애물을 없애고 가는 방법이다. 이것은 약한 쪽에서는 시행하기 어려운 방법이다. 다만 협상에서 온힘을 다해 가장 어려운 문제를 먼저 취급하는 방법으로 생각해볼 수 있다. 이를 '번개전략'이라고도 하는데, 상대가 진영을 갖추기 전에 이 사안의 협상 타결을 우선적으로 하고 다른 문제를 논의하는 방식이라고 볼 수 있다.

끝으로 우회해서 가는 방법이 있다. 우회한다는 것은 돌아가는 것을 말한다. 이 방법은 협상에서 타결하는 데 시간이 더 걸리는 것을 염두에 두어야 하는 것을 말한다. 협상에서 우회한다는 것은 이 사안에 대해서는 나중에 처리하는 것으로 하고 협상을 계속 진행하든지, 다른 협상은 그대로 진행하면서 이 사안은 별도의 협상날짜를 정해서 논의하는 것이다.

그런데 여기서도 문제가 있다. '난공불락의 문제가 협상의 중심사안일 경우에 어떻게 할 것인가?' 하는 것이다. 해결방법은 정공법으로 공략하든지 아니면 우회하는 방법밖에 없다. 그러나 정공법은 힘이 약한 쪽에서 정공법의 공략은 더 큰 피해만 가져오기 십상이다. 따라서 남은 것이라고는 우회하는 방법밖에 없다. 생각하고 생각하면 피할 길이 보이며, 난공불락의 요새를 파훼(破毁)하는 방법을 발견할 수 있다. 자물쇠가 있다는 것은 열쇠가 어딘가에는 있다는 것을 의미한다. 문제가 있다는 것은 해답이 있다는 것을 우리에게 말해 준다. "정신일도 하사불성이요 지성이면 감천"(精神一到 何事不成, 至誠感天)이라는 말이 있다. 문제가 되는 것은 상대방이 아니고 우리의 정신력이요 우리의 정성인 것이다. 도전의지를 갖고 해결하려고 하면 난공불락도 무너뜨릴 수 있는 것이 협상이다.

협상은 상대방 커뮤니케이션이라 한다. 협상은 사소한 말 한마디가 상대를 적을 만든다.

1. 상대방을 먼저 칭찬하라.

   "좋은 말을 남에게 베푸는 것은 비단옷을 입히는 것보다 따뜻하다." – 순자

2. 상대방을 좋아하라.

   "사람은 자기 자신을 좋아하는 사람을 좋아한다." – 사이러스(로마 시인)

3. 상대방의 귀를 경청하라

   "내 귀가 나를 가르쳤다." – 징기즈칸

4. 상대방을 존중하라.

   "인간은 저마다 신의 아들이므로 모든 인간이 중요하다는 사실을 잊지 않는다면, 자연스럽게 좋은 대인관계를 유지할 수 있을 것이다." – 헨리 카이저

5. 상대방을 인정하라.

   "너도 옳고, 다른 너도 옳고, 또 다른 너도 옳다." – 황희 정승

6. 상대방을 안내하라.

   "화가 치밀어 오르거든 마음속으로 열을 세십시오. 열까지 세어도 화가 가라앉지 않으면 백까지 세십시오." – 토마스 제퍼슨

7. 상대방을 이해하라.

   "그 사람은 영 맘에 들지가 않아. 그 사람에 대해 더 많이 알아야겠어." – 링컨

8. 상대방을 비난하지 말라.

   "함부로 내뱉은 말은 상대방의 가슴 속에 수십년 동안 화살처럼 꽂혀있다." – 롱펠로우

9. 상대방에게 미소지어라.

   "눈가의 근육을 조금만 움직여서 한두 번 미소 짓는 것만으로도 사람들에게 핵복감을 안겨줄 수 있는데 그것조차 안하는 게으른 사람이 너무 많다." – 바덴

10. 상대방에게 유머를 사용하라.

   "운명과 유머는 같이 세계를 지배한다." – 하비 콕스

성공적인 협상을 위한
최종 정리

지금까지 우리는 협상의 포인트를 균형이라 정의하고, 다각도에서 살펴보았다. 이 장에서는 협상의 실무 부분을 최종적으로 살펴보고, 성공적인 협상으로 가기 위한 마지막 점검을 한다. 부디 이 장을 끝마칠 즈음에는 모두 협상 전문가로 거듭날 수 있기를 바란다.

1. 협상은 왜 필요할까?

우리가 살고 있는 이 세계는 거대한 협상테이블과 같다. 그리고 우리는 자의반 타의반으로 그 협상테이블에 앉은 협상 참여자다. 이 사회에서는 누구나 원하든 원하지 않든 자기와 다른 사람에게 영향을 받고, 자신도 다른 사람에게 영향을 미치며 살고 있기에 필연적으로 다른 사람과 관계를 조율할 수밖에 없다. 이 조율하는 방식이 바로 협상과 다름없다. 가족 사이에서 대화를 나누는 것부터 가게에서 물건을 사면서 흥정하는 것 등등 우리는 일상생활에서도 크고 작은 협상을 벌인다. 심지어 상대와 무엇을 오늘 점심으로 먹을 것인지, 내가 상대의 몫까지 점심값을 낼 것인지, 아니면 상대에게서 점심을 얻어먹을 것인지, 더치페이로 할 것인지 다양한 협상이 끊임없이 이어진다.

회사에서도 마찬가지다. 구매자나 판매자 입장에 섰을 때, 각각 입장에서 최대한 이익을 남길 수 있도록 노력한다. 이를테면 원자재를 살 때는 최대한 싸게 사려고 하고, 상품을 팔려고 할 때는 최대한 비싸게 팔려는 게 당연하다. 이처럼 입장에 따라 수시로 이해관계가 상충하기에 우리는 서로 입장의 차이를 좁히고, 원만하게 풀어나가기 위해 의식적인 노력을 기울일 수밖에 없다. 이러한 의식적인 노력이 바로 협상이다. 협상의 영역이 우리 인생과 밀접하게 맞물려 있는 한, 우리는 협상 결과에 따라 많은 영향을 받으며 심지어 인생이 좌지우지될 수도 있다. 그렇기 때문에 우리는 협상을 정말 잘해야 한다.

로저 도슨(Roger Dawson)은 『협상의 비법』의 서문에서 협상의 필요성에 대해 이렇게 말했다.

당신과 당신의 세일즈맨들이 상대하는 바이어들은 가격을 좀 더 낮추기 위해 엄청난 압력을 가해오고 있다. 당신의 세일즈맨이 제대로 협상에 임하는 방법을 모른다면, 아무리 판매량이 치솟아도 당신은 손해를 볼 수밖에 없다. 가격하락의 압박은 엄청나게 거세져서 이제 "누군가 무엇을 팔지 않으면 아무런 의미도 없다"는 말도 옛말이 되어 버렸다. 이제 우리는 그것을 고쳐야 한다. "누군가 이익을 남기며 팔지 않으면 아무런 의미가 없다."

1970년 노벨경제학상을 수상한 MIT대 교수인 폴 새뮤얼슨은 이런 말을 했다. "찰스 킨들버그가 쓴 『광기, 패닉, 붕괴』를 읽고 또 읽지 않는다면 5년 안에 뼈저린 후회의 순간을 맞을지 모른다." 킨들버그가 어떤 책을 썼기에 이런 말을 할까? 킨들버그의 『광기, 패닉, 붕괴』를 살펴보면 재미있는 내용이 나온다.

새로운 혁신이나 발명과 같은 변위요인(displacement)이 경제전망에 혁명적인 변화를 가져오면 엄청난 이익을 가져다 줄 투자기회가 생겨난다. 레버리지를 이용한 투자자, 즉 빌린 돈으로 자산을 사려는 투자자들이 늘어나면서 신용 공급이 급격히 증가한다. 매수자가 늘어나니 자산 가격이 오르고, 자산 가격이 오르니 더 많은 매수자가 몰리는 피드백이 벌어진다. 광기가 나타나는 것이다. 이 같은 투기 붐은 계속 이어진다기보다 영리하거나 운이 좋은 친구가 시장에서 빠져나간다. 가격 상승세는 멈추고, 점점 더 많은 투자자들이 이제는 팔 때라고 결정한다. 패닉이 시작된다. 투자자들의 신뢰를 무너뜨리는 사건이 터지고, 투자자들은 지금까지 투자 결정을 부추겼던 광기에서 깨어난다. 패닉은 더욱 강화돼 붕괴로 이어진다. 투자자들은 대출상환 요구에 시달리고, 결국 가격은 불문하고 팔아 치우기에 급급해진다. 붕괴는 더욱 가속화한다. 마침내 궁극적 대여자(the lender of last resort)의 개입으로 패닉이 멈출 때까지 금융위기는 경제전반에 큰 충격을 줄 수 있다.

킨들버그는 이 책에서 시장은 때로 비합리적일 수 있으며, 언제나 스스로 치유하지는 못하므로 궁극적 대여자가 반드시 개입해야 하는 시기가 있으며, 이것은 궁극적으로 도덕적 해이(Moral Hazard)를 야기한다고 주장한다.

물론 미셸 푸코(Michel Foucault) 같은 철학자는 근대의 사상적 기반이 된 이성 중심의 사고를 파괴하고 인간의 역사를 광기(la folie)라는 새로운 시각으로 재구성하기도 했다. 그러나 인간이 사회적 존재이며, 공멸을 원하지 않는 한 사회성을 망각할 수 없다. 많은 인류학자와 사회학자는 인간이 어떤 행동을 하게 되는 동기와 심리적인 요인, 문화적인 조건을 통해 볼 때 인간은 타인과의 장기적이고 안정된 관계를 형성하려고 노력한다고 보았다.

따라서 사람들은 자기 입장을 주장하면서 상대방에게 그에 상응하는 가치를 요구하기도 하고, 갈등을 피하거나 어떤 문제에 직면하지 않으면서 상대방이 개입해 해결하기를 바란다. 그리고 명분이든 실리든 양쪽이 납득하고 만족할 수 있는 가장 합리적인 결과를 선호한다. 여기서 합리성은 자기에게 최대한 이익이 돌아오기를 바란다는 뜻이며, 그러한 맥락에서 협상은 가장 합리적으로 자신의 이익을 추구하는 방법이다.

2. 협상은 어떤 특징을 가질까?

사회적 상호작용의 과정 속에서 일어나는 의견대립은 일반적인 현상이다. 보통 의견대립이 일어날 경우, 사람들은 제삼자에게 중재나 조정으로 해결하기도 하고, 스스로 직접 상대방과 해결을 보기도 한다. 이때 양측이 서로 직접적인 의사소통을 통해 의견대립을 해소하고, 원만한 합의에 이르는 방법으로 협상만큼 적합한 방법은 없다. 그 이유는 다음과 같은 협상의 특징을 통해 확인할 수 있다.

첫째, 협상 당사자들은 그들이 서로 다른 이해관계를 가지고 있다고 생각한다. 그래서 서로 다른 이해관계를 조정하기 위해 직접 만나서 토론하기를 원한다.

합리성이란 단어에 대한 고민

본래 합리성은 전근대와 근대를 구분하는 두드러진 특징으로 현대인에게 판단의 기준이 되어 왔다. 흔히 우리는 옳고 좋은 것은 합리적이고, 그르고 나쁜 것은 비합리적으로 생각한다. 특히 비합리적이라는 말에는 도덕적인 비난의 뜻을 담기도 한다. 이렇듯 합리성은 현대 시민사회에서 민주주의와 더불어 핵심적인 가치가 되었다. 또한 합리성은 목표를 달성하기 위해 필요한 최적의 행동 대안을 정확히 계산해 선택하는 행동의 특성을 지칭하기도 한다. 그런 면에서 합리적인 행동이란 분명하고 정당한 이유가 있고, 이유와 행동이 긴밀한 관계를 가지며, 이유에 따른 행동이 적합한 것을 말한다. 어떤 행동을 할 때, 충분한 이유가 있고 그 이유에 가장 합당한 행동을 한다면 그 행동을 합리적이라고 말할 수 있다.

둘째, 의사소통이 가능하다. 협상은 대화로 문제를 풀어나가는 방식이다. 말이 통하지 않는 상대와는 협상할 수 없다.

셋째, 타협이 가능하다. 협상을 하다 보면, 그 결과가 서로 기대에 만족할 만한 수준이 아닌 경우가 있다. 양측이 모두 충족시킬 수 있는 방안이 나오지 못한 경우에도 협상은 상호이해를 바탕으로 절충안을 찾는 타협을 할 수 있다.

넷째, 제안을 할 수 있다. 협상에서는 협상 당사자가 자유로이 제안을 할 수 있다. 군사력을 바탕으로 한 전근대적인 불평등 조약이나 강제 협상처럼 협상을 빙자한 협박이 아닌 이상에야 협상 당사자들은 자신이 제안할 수도 있고, 상대방의 제안에 상응하는 제안을 할 수도 있다. 만약 협상에 참여하는 것이 최선이 아니라 차선이라면 최선책을 위해 협상 자체를 거부할 수도 있다.

다섯째, 제안은 성과가 아니다. 협상 당사자들은 서로 제안한 내용의 타당성을 검토하며 수용여부를 결정할 때 최종 합의에 이른다. 그러나 그러한 결정과 합의가 협상의 성과라고 그 자리에서 결정짓지 않는다. 진정한 성과는 협상의 조약들을 서로가 준수할 때에 비로소 나타난다. 그렇기 때문에 협상은 상호신뢰가 바탕이 되어야만 성과를 논할 수 있다.

협상은 서로 다른 의견을 조정하고, 원만한 합의점을 찾는 방식이다. 따라서 협상에서 의사결정 주체나 당사자는 둘 이상 되어야 하며 서로 가치, 이해, 요구 등 사안이 상반된다. 협상은 협상 당사자들이 자발적으로 상대방과 잠정적 협상관계를 맺으며, 협상의 과정 속에 상호신뢰를 이룰 때 비로소 성공적인 협상에 접근할 수 있다.

3. 협상은 어떤 의미일까?

지금까지 많은 협상 연구가가 협상에 대해 다양하게 설명해왔다.

허브 코헨은 협상을 "당신에게 무엇인가를 원하는 상대로부터 당신에 대한 호의(好意) 그리고 당신이 원하는 무언가를 얻어내는 일이다"고 설명했다.

걸리버(Gulliver)는 서로가 합의를 도출하기 위하여 상호작용하는 의사결정의 과정이라고 했고, 프리트와 카르네베일(D. Pruitt, & P. Car-nevale)은 둘 이상의 집단이 사회적 충돌을 피하기 위해 서로 상반된 이해를 해결할 목적으로 토론하는 것이라고 했다.

창(W. Chang)은 개인들의 이해가 집단행동에 반영되는 정치적 과정 또는 상호 경쟁하며 상충하고 있는 갈등사안에 관련된 당사자들의 이해들을 중재하거나 당사자들로부터 합의를 이끌어내려는 공공 선택적 과정이라고 말했다.

페이어웨더와 카풀(J. Fayerweather & A. Kapoor)은 다른 조직과 상호작용을 할 때, 한 조직의 목표달성을 위해 문제 상황 하에 공통적인 여론을 사용하는 것이라고 했으며, 왈튼과 맥커지(Walton & McKersie)는 협상을 '상호 의존 관계의 조건을 규정 또는 재규정하려고 시도하는 둘 이상의 사회적 단위간의 상호작용'이라고 했다.

바저만과 캐롤(Bazerm & Carroll)은 결정 대안들에 대해 서로 다른 선호를 가지고 있는 둘 이상의 상호 의존적 당사자가 공통 의사결정을 하는 과정이라고 했고, 크로스(J. Cross)는 참가자간의 이익배분이 사전에 결정된 환경에 의해서가 아니라, 그들 자신의 선택에 달려 있을 때 발생한다고 했다.

루빈과 브라운(Rubin & Brown)은 사람들 사이의 거래관계에서 각자가 무엇을 주고받을지 해결하기 위해 시도하는 과정이라고 했다.

우리가 협상이라고 말하는 'negotiation'은 라틴어 'negotiumi'에서 유래한 말로 휴식이 아닌(not leisure) 일이나 사업을 의미한다. 서양에서는 예부터 협상이란 일 또는 사업을 의미했다. 한문으로 협상(協商)은 '화할 협'(協)과 '헤아릴 상'(商)을 쓴다. 협상 당사자들이 서로 힘을 합쳐 서로 문제나 동기, 목적 등을 헤아려 이해하는 것을 뜻한다. 협상과 비슷하게 쓸 수 있는 말로는 '흥정'이나 '거래'가 있다.

일반적으로 협상은 서로 다른 욕구와 견해를 가진 두 사람 또는 그 이상의 당사자가 상호 타결의사를 가지고 양방향 의사소통을 통해 상호 만족하는 합의점에 이르는 과정이라고 정의할 수 있다. 여기서 중요한 것은 '과정'이다. 협상의 결과가 만족스럽다면, 협상 성과에 대한 평가뿐만 아니라 결과를 도출하는 협상 과정에서도 서로 어느 정도 양해하고 양보할 수 있는 수준으로 협상했다는 뜻이다.

또한 협상은 하나의 기본수칙을 가지고 있다. 그것은 주고받는다(Give & Take)는 것이다. 협상은 무상 원조나 자선 행위와 다르다. 하나의 거래로써 주고받는 원칙이 준수되어야 하며, 주고받는 균형을 이루기 위해 서로 노력해야 한다. 가장 손쉽고 효율적인 주고받기는 서로 넘치는 것을 상대에게 주고, 부족한 것을 상대에게 받는 것이다. 그러나 이것은 각각 넘치고 부족한 것이 딱 맞아떨어질 때 가능하고 서로 같은 것을 원한다면 오히려 갈등만 심화될 수 있다.

사랑하는 사람들은 사랑이 조금 깊어지면 서로를 응시하고, 사랑이 더욱 깊어지면 같은 것을 바라본다고 한다. 협상도 마찬가지다. 협상 당사자들이 서로 원하는 것을 충분히 인식하고, 자신과 상대의 요구가 함께 충족되는 균형점을 찾아야 한다. 이처럼 서로의 욕구가 존중되고, 균형을 이룬 협상이야말로 진정 성공적인 협상이라 할 수 있다.

4. 협상에는 어떤 요소가 있을까?

협상에는 협상의 근간이 되는 주요 요소들이 있다. 다음 세 가지 요소가 가장 대표적이고 중요하다.

● 협상 참여자

협상에서는 협상을 하고자 하는 협상 참여자가 필요하다. 개인과 개인이 협상을 하기도 하지만, 협상의 규모가 클 경우에는 팀을 이루어 협상에 참여한다. 협상팀은 일반적으로 협상 대표, 협상 전문가, 자문 전문가들로 구성된다. 여기서 중요한 것은 협상 테이블에 앉은 사람이 최종 결정권을 가진 협상자인가 아니면 단순한 협상 대리자인가를 파악해야 한다. 경우에 따라 최종 결정권자가 직접 협상에 나설 수도 있고, 그렇지 않을 수도 있다.

가장 효율적으로 협상하려면 최종 결정권자와 직접 협상하는 게 좋다. 왜냐하면 만약 최종 결정권자가 아니라 단순한 협상 대리자일 경우, 협상의 말미에 가서 결과가 깨지거나 뒤바뀌는 수가 생기기 때문이다. 그러나 만약 최종 결정권자가 협상 전문가가 아닐 경우라면 협상 전문가를 통해 협상에 임하고, 조언을 얻어 결정하는 편이 좋다.

그다음으로 협상 참여자의 유형을 파악해야 한다. 크게 '머리형', '가슴형', '배형' 이 세 가지로 나누어 생각한다. 머리형의 사람은 분석력이 뛰어나고 이론에 밝으며, 가슴형의 사람은 감정이 풍부하고 인간관계를 중시하며, 배형의 사람은 활동적이고 먹는 것을 좋아한다.

사상의학(四象醫學)에서 사람들을 태양인, 태음인, 소양인, 소음인으로 나누고, 각자 체질에 맞게 치료해야 한다고 말했듯 협상에서도 상대방의 유형을 파악하고, 그에 맞게 협상을 전개해야 한다. 머리형의 사람에게는 객관적 통계나 자료를 토대로 납득을 시키고, 가슴형의 사람에게는 가능한 양보와 배려를 통해서 마음을 움직이고, 배형의 사람에게는 답답한 협상 테이블보다 식당이나 필드에서 의기투합하는 것이 좋다.

마지막으로 협상을 할 때는 본래 성격보다 협상에 임하기 좋은 성격으로 탈바꿈할 수 있어야 한다. 흔히 외향적 성격이 사교적이고 말하기 좋아하며 활동적이라서 협상에 유리하고, 내향적 성격은 말수가 적고 다른 사람과 어울리지 못하며, 혼자 있기를 좋아하므로 협상에 좋은 성격이 아니라고 생각한다. 물론 이러한 성격의 차이가 협상에서 장점 또는 단점으로 작용할 수 있을지도 모른다. 그러나 성격의 차이는 어디까지나 협상에서 스타일의 차이일 뿐이지 협상에서 결격 사유나 결정적 요인이 될 수 없다.

오히려 협상에 참여하는 사람들은 각자 개별적 성격과 취향보다 다음과 같은 성질의 요소가 더욱더 중요하다.

① 수용성 : 상대방의 의견을 받아들이고 이해할 수 있게 만든다.

② 성실성 : 협상 과정에서 책임감을 보여주며, 협상 결과가 준수될 것에 대해 신뢰할 수 있게 한다.

③ 민감성 : 상대방의 변화와 상대방이 말하고자 하는 본심을 파악할 수 있게 한다.

④ 개방성 : 상대방이 편하게 협상에 임하게 해주며, 호의로 응대하도록 만든다.

⑤ 전문성 : 다루어지는 협상 주제에 대해서 상대방을 객관적으로 납득시켜 수용할 수 있게 한다.

⑥ 프로 근성 : 상대방을 통해 이익을 얻을 수 있는 한, 반드시 협상을 끝까지 마무리한다. 설령 불가피하게 협상이 무산되는 경우에도 다음에 협상할 여지를 만들 수 있게 한다.

● 협상 주제

어떠한 협상이든 협상에는 그 협상을 할 수밖에 없게 만든 이유가 있다. 이 이유가 바로 협상 주제다. 흔히 사람들 사이에 일상적으로 벌어지는 협상은 가격 문제가 대부분이다. 예를 들어 집을 월세로 구한다고 치자. 보증금의 비율에 따라 월세에 차등을 주는 거래 조건과 지불 조건, 도배나 장판에 이르기까지 여러 가지를 논의할 수 있다.

협상의 규모가 커지면 세부 항목이 늘어나고, 협상의 주제도 다양해진다. 우루과이 라운드를 예로 들어보자. 우루과이 라운드는 농수산물 개방에 대한 협상이다. 세이프가드를 비롯하여 관세, 비관세 조치, 열대작물, 자연자원에 기초한 산물, 섬유 및 의류, 농산물, GATT 조항, MTN협정, 보조금 및 상계조치, 분쟁 해결, 무역과 관련한 지적재산권,

무역과 관련한 투자조치까지 협상 주제가 무려 13가지나 된다.

협상 주제는 곧 협상의 목표가 된다. 그래서 협상 주제가 많을 경우에는 일사불란하게 처리하기 쉽지 않다. 각 주제마다 상대방과 입장 차이가 날 수 있으므로 조율할 필요가 있기 때문이다. 이럴 때는 이번 협상을 통해서 꼭 이루어야 할 목표와 양보할 수 없는 사안을 미리 정하고, 그 중요성에 따라 결정하는 것이 좋다.

또한 서로 협상이 가능한 주제부터 하나 둘씩 협의하기 시작하면 남은 협상 주제에 대해서도 협상하기가 훨씬 용이하다.

다만 주의해야 할 점은 협상 주제가 바로 협상 참여자들의 욕구를 대변한다는 것이다. 협상 참여자들이 같은 주제에 관심을 가지고 있으므로, 절실한 쪽에서는 그만큼 대가를 치를 준비가 되어 있어야 한다. 어느 한 부문을 선점하게 된다면, 그에 따라 상대에게 다른 부문을 양보하고 배려해야 자신이 필요한 부문을 원만하게 차지할 수 있다. 이것은 반대 입장에서 유리하게 작용할 수 있다. 상대방이 집착하는 주제를 내준다면 다른 부대 사항들을 자신에게 유리한 쪽으로 이끌기 쉽기 때문이다. 따라서 협상에 임할 때는 상대방에 대해 미리 정보를 수집하고, 상대가 집착하는 협상 주제를 파악해놓아야 한다. 그래야 나와 상대가 원하는 부문들을 적절하고 적합하게 조율해서 균형 잡힌 협상으로 이끌 수 있다.

● 협상력

협상 참여자들은 자기에게 조금이라도 유리한 쪽으로 협상을 이끌려고 힘쓴다. 협상 과정 속에서 작용하는 협상 참여자들의 협상 능력을 바로 협상력이라고 한다.

KOTRA에서 흥미로운 설문 조사 결과를 발표했다. 비즈니스 협상 전문가 진 브렛(노스웨스턴 대학 석좌교수) 등은 한국, 중국, 일본, 미국, 독일, 프랑스, 브라질, 남미(브라질 제외) 등 16개국의 간부급 이상 임직원 2,450명을 대상으로 '16개국 경영인 협상 스타일 설문 조사'를 했다. 크게 이기심, 사회적 책임감, 협상 주도력, 계급의식 등으로 나누어 협상 스타일을 비교한 결과, 한국인이 가장 이기적인 태도로 협상에 임하는 것으로 조사됐다. 여기서 이기적인 태도란 상대방의 입장과 이익을 배려하지 않고, 자기 이익만을 추구하는 경향을 쉽사리 드러내서 오히려 협상을 제대로 못하는 것을 말한다.

브렛 교수는 "내 이익만큼 상대방의 이익도 중요하다. 이 사실을 양쪽이 인식하고 있어야 서로 기대치를 모두 충족하는 가장 원만한 결과를 끌어낼 수 있다. 그런데 한국인들은 이러한 부분이 몹시 부족하다."라고 말했다.

특히 한국은 협상을 당초 목표와 의도대로 이끌어가는 능력에서 최하위를 기록했다. 브렛 교수를 비롯한 연구진은 한국이 협상력이 약한 이유로 가부장적인 문화, 군대문화의 경험, 학교에서의 협상 교육 부재 등을 꼽았다.

다음은 한미 쇠고기 협상에 대한 녹색대학교 이무송 님의 글이다.

한미 쇠고기 수입 협상에 대한 결과를 엊그제 정부 고위관료가 발표하는 기자회견 장면을 우연찮게 보았다. 쇠고기 협상 내용에 대한 성과를 묻는 한 기자의 질문에 100점 만점에 90점은 되는 것으로, 많은 것을 얻었다면서 대외적으로 공표

하는 것을 보고 깜짝 놀랐다. 과연 그의 발언이 국민의 생명권과 국익과 직결되는 무역협상 성격의 국가간 교섭에 참여한 사람으로서 가능한 발언일 수 있는가에 대한 강한 회의감이 들었다. 그간 정부의 협상력 부재로 인하여 미국의 요구에 일방적인 양보로 끝나는 상황이었다. 어린 학생들을 포함한 국민들의 촛불시위로 인하여 그나마 협상력을 높여 주었다. 그럼에도 흡족치 못한 결과에 대하여 스스로 대만족을 함으로써 협상에 대하여는 아주 단수가 높은 그들로 하여금 한국에 더 많은 것을 요구할 수 있는 계기를 제공한 셈이기 때문이다. 국가간의 협상력 특히 상거래에 관하여 한국의 협상력의 부재는 이번만 국한되는 것이 아니고, 그 이전에도 수없이 지적되어 온 상황이다. 오죽하면 대학에 협상학과를 개설하자는 의견까지 나오고 있는 상황이다.

이태복 전 보건복지부 장관은 "한국 정부의 한심한 대외협상력의 문제는 어제오늘의 일이 아니다. 내가 청와대에 근무할 때도 마늘과 꽁치 문제가 있었다. 그때 절실히 느꼈던 것은 이런 수준의 정보력과 어떤 경우에도 국가 이익을 지키겠다는 협상 태도를 보이지 않고 전략부재의 상태에서 대외협상을 할 경우 백전백패한다는 것이었다. 한국 정부의 협상력은 예나 지금이나 별로 변한 게 없다. 그런 사람들이 한국 정부를 대표해 협상에 나섰으니 결과는 처음부터 뻔한 것이었다."라고 했다.

이는 한국의 협상력 부재에 대한 통탄이다. 앞서 말했다시피 협상력이란 협상을 끌고가는 힘이다. 그리고 협상 전문가는 협상에서 충분한 협상력을 발휘할 수 있는 전문가다.

협상 전문가는 타고나는 게 아니라 만들어지는 것이다. 물론 간혹 천재적인 협상가가 있기도 하나, 대부분 숙련된 경험과 지속적인 노력으로 노련한 협상가가 된다.

협상력을 키우기 위한 가장 좋은 방법은 협상의 기본 과정을 이해하고 기본 원칙을 습득하는 것이다. 누구나 배우고 연습하면 어느 정도 협상력을 키울 수 있다. 협상 스킬과 전략을 배우면 협상의 내용이 풍부해지며 협상의 시간도 늘릴 수 있다. 협상에 익숙해지고 협상력이 늘어나면 처음에 불가능하리라 생각되던 것도 협상으로 가능하게 만드는 방안을 찾아내게 된다. 이런 과정을 통해 비로소 협상의 고수(高手)로 완성된다.

5. 협상을 어떻게 연구할까?

지금까지의 협상에 대한 이론적 접근은 다음의 세 가지로 정리할 수 있다.

첫 번째는 동기적 모델로 협상 행위와 성과에서 열망과 목표의 영향력을 조사하는 것이다. 이 말은 열망이 높은 협상가가 적은 양보를 하며 큰 요구를 하고, 합의에 이르기까지 많은 시간을 투자해서 상대적으로 열망이 낮은 협상가보다 많은 이익을 가져간다는 것이다.

두 번째는 쌍방향 관심 모델로 협상 목표가 이익의 최대화가 아니라 두 가지 독립적 요소로 결정된다는 것이다. 이 말은 협상가의 협상 목표의 관심과 상대방을 위한 관심이 협상 결과를 산출하는 효과적인 전략이 된다는 것이다. 이처럼 자신뿐만 아니라 상대방까지 예측할 수 있는 협상가는 자기 자신만 생각하는 협상가보다 더 통합적인 성과를 가져간다.

세 번째는 인지 정보 모델로 협상을 협상가가 행위의 여러 대안을 가지고 있고, 대안들 가운데 어떤 것을 선택할지 협상가가 판단하고 결정하는 복잡한 의사 결정 과정으로 보는 것이다. 협상가들은 협상 상황을 냉정하게 바라보고 상대편의 입장에서 생각한다. 그리고 끊임없이 상대방을 관찰하고, 협상 상황을 차분히 지켜보며, 어떻게 협상 목표에 접근할지 고민한다.

이러한 이론적 연구를 기반으로 협상에 대해서 세 가지 방향으로 탐구할 수 있다.

첫째는 일반적으로 협상에 참여한 경험자들이 사용하는 방법과 전략을 익히는 것이다. 보통 책이나 매뉴얼을 통해 배울 수 있으며 특별히 협상 스킬을 익히는 데 유용하다.

둘째는 경제학자나 게임 이론가들이 개발한 합리적 행위의 모델을 통해 정형화된 협상의 법칙들을 배우는 것이다. 협상의 법칙을 배우면, 협상을 게임처럼 즐길 수 있을 뿐만 아니라 협상력이 늘어나고, 상대방의 심리를 보다 쉽게 파악할 수 있게 된다. 그러다 보면 거시적인 안목에서 협상의 진행 과정을 꿰뚫어 볼 수 있다.

셋째는 사회학자나 미래학자를 통해서 시대를 읽는 안목을 키우는 것이다. 현재 협상이 어떤 결과를 가져올지 정확히 알 수 없다. 그러나 시대의 흐름을 읽고, 미래를 예측하면서 현재 협상이 가져올 영향력을 어느 정도 파악할 수 있다. 특히 협상은 그 성격상 환경적인 조건을 무시할 수 없다. 따라서 협상의 결과가 가져올 영향력을 읽을 수 있다면 현재는 비록 다소 불만스러울지라도 훗날 잠재적 역량을 확보하는 기회를 얻을 수 있다.

우리는 현재 협상이 끊이지 않는, 바야흐로 협상의 시대에 살고 있다. 앞으로도 좋든 싫든 수많은 협상테이블에 앉게 될 것이고, 협상력에 따라 유리하거나 불리한 결과를 가지게 될 것이다. 그렇기 때문에 협상에 대한 지속적인 탐구를 통해 협상력을 하루 빨리 높이기를 간곡히 청한다.

협상 능력을 키우는 방법

① 협상의 기본 과정을 제대로 이해한다.
② 협상의 기본 원칙을 충분히 습득한다.
③ 여러 전략을 다양한 방법으로 연구한다.
④ 풍부한 내용으로 시간을 늘리며 연습한다.

1. 협상을 준비하자

● 목표 설정

협상을 준비할 때는 가장 먼저 협상을 해야 하는 이유를 확실히 해야 한다. 협상에 임하는 이유는 협상에서 얻어내야 할 것이 있기 때문이고, 이것이 바로 협상의 목표가 된다. 협상에서 목표는 크게 두 가지로 나누어 세울 수 있다. 하나는 협상 상대자와의 관계 개선이다. 이것은 상대방과의 신뢰 기반 형성에 많은 정성을 쏟아야 한다. 다른 하나는 협상 상대자에게서 보다 많은 수익을 거두는 것이다. 여기서는 상대가 원하는 것을 주고 무엇을 얻을지, 얼마만큼 협소를 받을지, 얼마나 낳은 이득을 취할 수 있는지가 요점이다.

협상 목표를 제대로 설정하려면 먼저 현재 상황부터 제대로 분석해야 한다. 현재 상황이 어떤지, 무엇이 가장 필요한지, 직면한 문제가 무엇인지 정확히 분석해야 협상을 주도적으로 이끌어갈 수 있다. 물론 통상적이고 관례적인 협상이 있을 수 있다. 그러나 새로운 협상에 임할

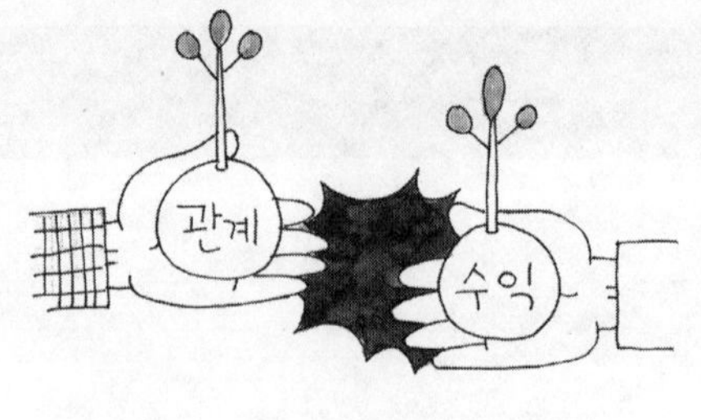

때는 체계적인 상황 분석이 무엇보다 중요하다. 이러한 분석이 선행되어야만 협상 상대에게 줄 수 있는 것이 무엇이고, 자신이 반드시 취해야 하는 것이 무엇인지 알 수 있기 때문이다.

그다음으로 상대가 무엇을 바라는지 생각해야 한다. 이것은 서로에게 가장 바람직한 협상 결과가 무엇인지 예측하는 것과 관련 있다. 따라서 협상에 나가기 전에 다음과 같은 내용을 점검해보는 것이 좋다.

"현 협상에서 가장 바람직한 결과는 무엇인가? 반드시 필요한 것은 무엇이고, 우선순위를 어떻게 할 것인가?"

이것은 상대방의 관점에서도 점검해보는 것이 좋다. 이처럼 협상에 임할 때는 직면한 기본 상황을 분석해서 어떤 전략을 펼칠지 미리 고려해야 한다.

● 팀 구성

협상이 결정되었으면, 만반의 준비를 갖춰야 한다. 가장 먼저 구체적인 실무를 맡을 수 있는 협상팀을 구성해야 한다. 협상 참가자의 인원과 참가 형태를 결정하는 게 중요한데, 협상 참가자의 인원은 대개 상대방과 비슷하게 맞추는 편이 바람직하다. 인원이 적으면 일 처리가 신속할 수 있으나 상대방에게 적절히 대응하기가 힘들다. 또한 인원이 많으면 협상을 진행하면서 합의에 도달하기까지 시간이 오래 걸린다. 그래서 협상할 때는 양측이 인원을 비슷하게 맞춰 사안별 또는 조직별로 협상하는 게 좋다.

그다음으로 협상을 가장 능률적으로 운용할 수 있는 협상팀을 구성해야 한다. 협상에서 원하는 성과를 거두려면 전문 지식과 협상력을 고루 갖추고, 조직 내의 이해관계를 적절히 반영할 수 있는 사람이 필요하다. 또한 아주 규모가 작은 거래나 영업이 아니면 협상은 대개 개인보다 팀으로 대응해야 하기에 팀워크가 몹시 중요하다.

보통 협상팀은 직책이 높고 의사 결정을 할 수 있는 권한을 가진 대표와 그를 도와줄 전문적인 협상 관리자가 필요하다. 이때 대표는 협상 측의 다수 이익을 위임 받아 처리하며, 협상 관리자는 서로 다른 분야의 전문가로 구성된 팀원들 사이의 의사소통이 원활하도록 돕는다. 그리고 의견을 수집, 정리하고 모든 구성원의 역할을 조정한다. 여기에 협상 자료를 분석하고 정보를 제공하는 지원팀, 전문적인 사항을 자문해 주는 자문팀, 그리고 합의된 사항의 준수에 맞추어 법률 지원을 해줄 수 있는 전문가로 함께 구성된다.

● 협상 계획

협상팀이 구성되었으면 이제 협상이 원활히 진행되기 위해 필요한 절차를 구체적으로 논의해야 한다. 협상 의제는 무엇으로 정할지, 선택사항은 어디까지 포함할지, 협상 의제를 논의하기 위해 언제, 어디서, 얼마 동안 만날지를 결정해야 한다. 이러한 것들을 협상 환경이라고 하는데, 협상 환경에 따라 협상에서 유리하거나 불리할 수 있다. 따라서 협상 환경을 결정하는 일은 매우 중요하다.

세부적인 협상 환경으로는 협상팀의 인적 구성 및 공간 배치, 회합(會

슴)의 길이가 포함되나. 이러한 협상 환경은 얼핏 별것 아닌 것처럼 보이지만 미묘하게 협상에 작용한다. 따라서 협상 환경을 잘 활용하는 것도 협상을 유리하게 이끄는 전략이 된다.

특히 국제 협상에서는 나라마다 시차가 있기 때문에 어느 나라의 시각을 기준으로 할지 논의하게 된다. 장소도 마찬가지다. 흔히 운동 경기에서 홈팀이 유리하고 원정팀이 불리하다고 생각하듯 협상에서도 홈팀과 원정팀의 차이가 있다고 생각한다.

이처럼 협상 환경을 충분히 검토하고, 결정하면 협상 계획을 구체적으로 준비해야 한다. 그리고 협상 상대방에게 협상 계획을 주고 협상 일정을 먼저 합의해야 한다.

● 정보 조사

현대 사회는 정보화 사회다. 정보화 사회에서는 넘쳐나는 정보 속에서 꼭 필요한 정보를 찾고 활용하는 능력이 무엇보다 중요하다. 협상을 할 때도 마찬가지다. 협상에 임하기 전에 여러 가지 정보를 수집하고, 분석해야 한다. 상대방에 대한 정보를 모아 자신과 상대방의 전력을 비교하고, 상대방의 허실을 파악해 그에 맞게 전략을 세워야만 성공적으로 협상을 주도할 수 있다.

손자는『손자병법』(孫子兵法)에서 이렇게 말했다.

故明君賢將 所以動而勝人 成功出於衆者 先知也

고명군현장 소이동이승인 성공출어중자 선지야

고로 명석한 군주와 현명한 장군이 기동해 적으로부터 승리를 만들어내고, 남보 협상에서 원하는 성과를 거두려면 가능한 한 많은 정보가 필요하다. 상대방에 대한 정확하고 구체적인 정보가 있어야 상대방의 반응을 예측하며 적절한 공략과 대처법을 마련할 수 있다. 그러나 무조건 정보가 많다고 좋은 것은 아니다. 협상에서 가장 중요한 정보는 가치 분석이다. 가치 분석이란 자신이 가지고 있는 것과 상대가 가지고 있는 것이 어느 정도 가치를 가지고 있는지 객관적으로 평가하는 것이다. 가치 분석이 정확히 이루어져야 상대방과 어느 것을 어떻게 주고받을지 가늠할 수 있다.

특히 협상가에게는 현재 가지고 있는 아이템과 그 판로에 대해 현명한 결정을 내리는 문제가 가장 중요하다. 통상적으로 어떤 아이템의 가격을 정할 때는 현물 시세만 기준으로 할 때가 많다. 그러나 정확한 시장 조사를 통해 아이템의 잠재적인 가치를 전망하고, 이것을 고려해 가격을 정해야 한다. 예를 들어 앞으로 시장수요가 크다고 예측되면 가격을 낮게 정하고 대량생산체제로 가는 것도 시장을 점유하는 좋은 방법이 될 수 있다. 시장수요는 크지 않지만 꾸준한 수요가 발생하리라 예상되면 가격을 높이고 소량생산체제가 적합할 것이다.

이처럼 미래 시장의 동향을 예측하고, 현재 가지고 있는 아이템의 가치를 정확히 분석하려면 관련 정보를 최대한 많이 수집하고 분석해야 한다.

보통 정보 수집 방법은 다음 세 가지 방법으로 생각할 수 있다. 첫째는 직접 현장에 나가 관찰하는 것이다. 둘째는 2차적 자료를 분석하여 객관적 근거를 확증하는 것이다. 셋째는 직접적인 이해관계가 있는 경험자나 전문가들을 만나 자문을 구하는 것이다. 이러한 정보 조사를 기반으로 다각도로 가치 분석을 하고, 각종 통계 자료를 통해 비교분석한 끝에 정확한 원가 및 판매가를 산출해낼 수 있다. 그리고 협상가는 이렇게 산출한 가격을 기준으로 현재 아이템이 가지는 경제적인 가치가 어느 정도이며, 협상을 통해 어느 정도 수익을 낼 수 있을 것인가를 가늠해야 한다.

협상 분야에서 최초로 '협상 프로그램'을 창안한 체스터 캐로스(Chester Karrass)는 『협상게임』에서 가치 분석에서 다루어야 할 9가지 문제를 제시했다.

① 자산이나 판매할 물건의 현행 가치는 얼마인가?

② 잘 알려진 위험과 미지의 위험을 견적서나 장부에 어떤 방식으로 기재할 수 있을까?

③ 회계 기록의 정확성이나 객관성은 어느 정도 가능할까?

④ 매몰 비용, 기회비용, 공작 기계 할부 상환, 가치 저하, 총비용가 같은 표현의 본래 의미는 무엇인가?

⑤ 한 기간의 비용은 다른 기간의 실적과 어떤 관련이 있는가?

⑥ 장·단기적인 수익성의 적절한 척도는 무엇인가? 비용이나 판매, 투자, 자산에 대한 수익인가?

⑦ 비용과 이윤, 거래량은 어떤 관련이 있는가?

⑧ 신제품의 가격은 어떻게 산출해야 하는가?

⑨ 구입 부품은 최종 사용자에게 이르기 전의 실제 가격이 얼마인가?

2. 협상을 진행하자

● 정보 교환

보통 협상 참여자들은 여러 가지 정보를 가지고 협상 테이블에 앉는다. 그리고 협상이 유리하거나 불리하게 전개될지 미약하게나마 감지하면서 조심스럽게 협상을 진행하게 된다. 협상은 여러 단계로 전개되는데, 첫 번째는 정보 교환 단계다. 협상에서 정보 교환은 중요하다.

그 이유는 첫째, 정보 교환은 협상 참여자들이 의사소통을 원활히 할 수 있는 분위기를 조성한다. 물론 협상 참여자들은 개인적 대화처럼 허심탄회하게 이야기할 수 없다. 그러나 적어도 서로 하고 싶은 이야기를 충분히 할 수 있도록 열린 대화가 가능해야 한다. 또한 친근한 어조로 친밀한 분위기를 형성할 수 있다면 협상이 좀 더 원만하게 진행될 수 있다.

둘째, 정보 교환은 협상하게 될 관심과 논점에 대해 재확인하는 과정이다. 협상에서 의제는 공통관심사이며 협상을 하는 이유다. 그런데 서로 협상 의제를 다르게 해석하고 있으면 협상을 전개하면서 수많은 오해가 생길 수 있다. 또한 협상 결과에 대해서도 서로 해석이 다를 수 있기에 합의에 어려움을 겪게 된다. 따라서 본격적으로 협상하기 전에 서로 협상을 하는 이유가 무엇인지, 서로 같은 사안을 가지고 준비했는지 확인할 필요가 있다. 보통 규모가 큰 협상에서는 사전에 의제를 조율하지만 서로 같은 관심을 가지고 같은 개념을 공유할 수 있도록 기본 정보를 교환하고 확인해야 한다.

셋째, 정보 교환은 상대방의 협상력을 파악할 수 있는 관건이 된다.

보통 협상에 들어가기 전에 상대방의 협상력과 장점을 어느 정도 예측한다. 이 예측을 바탕으로 정보 교환 단계에서 상대방의 전력을 엄밀히 평가하고 상대방이 협상에 거는 기대를 가늠해볼 수 있다. 노련한 협상가라면 상대방이 사용할 전략까지 파악하고 상대방의 예봉을 예방할 수도 있다. 따라서 상대의 협상력을 파악할 수 있는 질문을 미리 준비하여 응수타진(應酬打盡)해 보는 것이 필요하다.

● 관계 수립

협상이란 서로 문제를 해결하는 합리적인 방법이며, 가장 효율적인 합의 방식이다. 그러나 협상의 주체는 어디까지나 사람이다. 서먹하거나 적대적인 관계보다 친밀하고 호의적인 관계가 협상을 원활히 이끌어나갈 수 있다. 이것을 라포(Rapport)라고 한다. 라포는 서로 마음이 통해 무슨 일이든 터놓고 이야기할 수 있는 친밀감이 있는 상태를 말한다. 보통 협상은 상대와 공통관심사가 있을 때 이루어진다. 그렇기 때문에 일차적으로 협상 테이블에 앉은 사람들은 기본적으로 공감대가 형성되어 있다. 이러한 공감대를 바탕으로 협상 참여자들 사이의 유대감을 다지는 단계가 바로 관계 수립이다. 따라서 관계 수립은 일회적 협상이 아니고 지속적인 협상일수록 더욱 필요한 단계이며 때로는 협상의 관건이 되기도 한다.

긍정적인 관계 수립을 위해서는 서로 동질감을 느낄 수 있는 요소들이 많아야 한다. 일반적으로 사람은 자신과 외모와 태도, 마음가짐, 분위기 등이 같은 사람에게 친밀감을 느끼고 호의를 갖는다. 예를 들어, 취미가 같거나 같은 사람을 알고 있거나 종교가 같은 경우에는 그렇지 않은 경우보다 쉽게 유대감을 느끼고 관계성을 높일 수 있다는 말이다.

적절하고 긍정적인 관계 수립은 협상을 원만하게 진행할 수 있게 돕는다. 그러나 지나치게 호의적인 관계 수립은 도리어 협상을 망치는 요인이 된다. 왜냐하면 원래 목표한 만큼 성과를 얻기 힘들 뿐만 아니라 상대방이 호의를 빙자해서 더 많은 것을 요구하게 될 수 있기 때문이다. 그리고 자칫 상대방이 감정이 상할까 두려워 협상에서 주도권을 잃을 수도 있다.

협상 테이블은 어디까지나 공적인 자리다. 비록 개인적인 친분 관계가 있더라도 협상 테이블에서는 공사를 엄격히 구분해야 한다. 관계성을 매개로 무리한 요구를 해서도 안 되고, 들어줘서도 안 된다. 이점을 주의한다면 협상이 매끄럽게 진행될 수 있을 뿐더러 원만한 합의에 이를 수 있다.

● 원활한 의사소통

다음은 실무 단계다. 협상 참여자들은 자신들이 소속된 곳을 대표하여 자신들의 입장을 알리고 협상을 통해 얻으려는 것을 상대방에게 설명한다. 관계 자료를 제시하며 차트를 보여주는 등 다양한 방법으로 상대방을 이해시키고자 노력한다.

알다시피 협상은 상대방을 설득해서 자신에게 유리한 합의를 이끌어내는 과정이다. 그래서 협상은 곧 상대방과 의사소통이라고 할 수 있으며, 협상에서 의사소통은 모든 상호작용의 핵심이 된다. 협상에서 의사소통이 제대로 이루어지지 않는다면, 원만한 합의에 이르기 힘들다. 따라서 원활한 의사소통은 협상에서 무엇보다 중요하며 협상력이 가장 크게 발휘되는 부분이라 할 수 있다.

다음은 원활한 의사소통을 위한 몇 가지 주의사항이다.

첫째, 질문을 적절히 활용해야 한다. 노련한 협상가는 평균적으로 상대방보다 질문을 두 배나 많이 한다고 한다. 그들은 질문을 통해 상대방을 재확인하고, 상대방이 협상과 관계없는 이야기를 하지 않도록 한다. 그리고 상대가 진짜 정보를 자연히 말할 수 있도록 협상을 이끈다.

둘째, 이해와 동의를 구분해야 한다. 협상에서 서로가 상대방의 입장을 이해하는 것은 당연하다. 그러나 이해(Understanding)는 동의(Agreement)와 다르다. 상대방을 이해한다고 해서 자신의 입장을 잊고, 상대방의 요구를 맞춰주기만 해서는 안 된다는 것이다. 협상 쟁점은 각기 다른 입장 차이 때문에 생겨난다. 협상은 서로 입장을 이해하면서 그 차이를 좁혀 서로 만족할 만한 결과를 이끌어내는 데 그 목적과 의의가 있다.

셋째, 침묵을 오해해서는 안 된다. 협상 참여자들은 대체로 자신에게 불리한 정보를 말하지 않는다. 그러나 이것은 상대가 질문하지 않는 것을 구태여 먼저 설명할 필요가 없기 때문이지 속임수가 아니다. 물론 협상에서 협상 상대자가 어떤 아이템을 원할 때, 당연히 그 아이템에 관련된 기본적인 결함을 고지해야 한다. 예를 들어, TV를 판매할 때 소비자가 TV 화면이 잘 나오는지 묻지 않는다고 별도의 고지 없이 화면이 나오지 않는 TV를 판매한다면 명백한 잘못이다. TV란 화면을 통해 시각적인 정보를 제공받는 기계다. TV 화면이 나오지 않는다는 것은 TV의 가장 기본적인 기능이 제대로 작동하지 않는 불량품이라는 것이고, 불량품을 제값을 받고 팔았으니 변명의 여지가 없는 잘못이고, 사기다. 협상에서도 마찬가지다. 상대방이 알아야 할 부분을 충분히 고지해서, 스스로 선택하고 결정할 수 있게 해야 한다. 그러나 협상을 좌지우지하지 않을 부차적인 부분은 상대가 질문하지 않는 한, 굳이 먼저 이야기하지 않아도 된다. 다만 관계성이 중요한 협상에서는 단순한 수익보다 신뢰가 더 중요하기 때문에 부차적인 부분까지 소상히 말해줄 수 있다.

넷째, 과장(誇張)은 적당히 해야 한다. 여기서 과장이란 상대방에게 자신이 가진 아이템의 좋은 점만 골라 가치를 실제보다 부풀리는 것으로 과거 영업에서 자주 사용되던 방법이다. 협상에서 과장은 양날의 검이다. 아이템의 현재 가치에 잠재적 가치를 더해 최대한 수익성을 높여 설명하는 것은 상대에게 아이템을 확실히 어필할 수 있는 좋은 방법이다. 그러나 이것은 어느 정도 현실성을 감안한 적당한 과장이어야 한다. 현실성을 무시한 지나친 과장은 정보의 조작이나 왜곡이 되어 결과적으로 상대를 속이는 것과 다름없다.

키신저(Henry Kissinger)는 "협상 테이블에서 가장 효과적인 협상은 자신의 요구를 얼마나 과장해서 전달하는가에 달려 있다."라고 했다.

이것은 과장을 전략적인 차원으로 사용하는 것으로 이해해야 한다. 이를테면 아이템의 가격을 이야기할 때, 처음에 실제 목표 가격보다 높여 부르는 것은 상대방과 차차 가격을 조정하고자하는 협상 전략으로서 과장이다.

다섯째, 신호를 보내야 한다. 의사소통이 원활히 이루어지고, 서로 정보가 정확히 전달되고 있을 때, 상대에게 자신이 가진 힘을 어느 정도 보여줄 필요가 있다. 그리고 자신이 현 협상에서 어떤 기대를 걸고 있으며 부가적인 사안에서 상대방의 협조 없이도 결정이 가능하다는 것을 암시할 수 있어야 한다. 이때 관건은 협상력이다. 상대보다 협상력이 강하다면 상대에게 결정권을 주고, 선택할 자유를 부여하는 편이 좋다. 그 반대라면 상대의 도덕성에 호소하며 잠재적 가치를 강조하는 편이 바람직하다.

● 제안하기

협상 참여자들은 충분한 의사소통의 단계를 거치면서 상대방을 어느 정도 파악하고, 서로 어떤 욕구를 가지고 있는지 구체적으로 알게 된다. 그러면서 각자 입장을 이해하고 배려하면서 차이를 좁히고 양보와 타협을 통해 합의에 이른다. 그러나 간혹 끝까지 입장 차이가 좁혀지지 않고, 협상의 핵심 쟁점을 두고 서로 첨예하게 대립할 때가 있다. 이때는 지금까지 의사소통을 바탕으로 상대를 분석한 내용을 종합 정리해야 한다. 그러면 상대방이 표면적으로 내세우는 입장과 근원적인 이해관계의 차이를 알 수 있다. 어느 한쪽이 다른 쪽에게 요구하는 사항을 입장이라고 한다면, 비록 공개적으로 말하지 않는다고 해도 각자 정말 원하는 이익과 원하지 않는 손실을 이해관계라고 할 수 있다. 협상을 완벽히 분석하고 원만히 이끌려면 협상에 관련된 사람들의 모든 이해관계를 파악하고 있어야 한다. 또한 그들의 이해관계가 균형을 이루는 방향으로 상대방에게 알맞은 제안을 하고, 협상의 핵심 쟁점을 풀어나가야 한다.

1) 최초 제안 : 최초 제안을 하는 방식에 따라 협상의 양상이 달라질 수 있다. 상대를 보고 공정하고 적절한 수준으로 제안할 수도 있고, 아

니면 공격적인 전략을 펼치면서 제안할 수도 있다. 통상적으로 협상 전문가들은 절대로 먼저 제안하지 말고 상대가 먼저 제안하도록 유도하라고 조언한다. 그들은 만약 상대가 공정하고 적절한 범위를 벗어난 제안을 한다면 그 부분을 지적해서 수정해주면 된다고 말한다. 또한 상대의 제안보다 더 좋은 제안을 하면 상대가 흔쾌히 받아들일 수 있기 때문에 협상을 유리하게 주도할 수 있다고 한다.

물론 서로 어떤 정보를 가지고 있는지 확신하지 못할 때는 먼저 제안하는 편이 불리하게 작용할 수 있다. 그러나 신뢰를 바탕으로 한 관계성을 추구하는 협상이라면 먼저 제안하는 것이 크게 문제되지 않는다. 다만 가격의 경우에는 먼저 제안할 때 최대한 높은 가격을 제시하는 편이 좋다. 흔히 '닻 조정 효과'라고 부르는데, 사람은 무의식적으로 처음에 닻이 놓인 자리, 즉 처음 부른 가격에서 가까운 범위 내에서 조정하는 경향이 있기 때문이다. 그러나 어디까지나 현실적으로 납득할 수 있는 가격이어야지, 터무니없이 높은 가격을 부른다면 상호신뢰마저 깨지는 결과를 낳게 될 수도 있다.

2) 수정 제안 : 최초 제안이 마음에 들지 않는다면 새로운 제안을 할 수도 있고, 다른 요구를 더해 제안을 조정할 수도 있다. 그러면서 협상 참여자들은 자신들의 요구를 제시하면서 상대방이 받아들여줄 것을 기대하게 된다. 이때 자주 사용하는 전략이 바로 양보다. 여기서 양보란 포기가 아니다. 양보는 서로 한 발자국씩 물러서서 구체적이고 가능한 것을 주고받는 것을 의미한다. 다시 말해, 서로가 상대방의 요구를 정당하게 받아들였으며 각자 어느 정도 희생했다는 인식을 통해 서로 신뢰를 높이는 전략이다. 따라서 양보는 다음과 같이 기술적으로

행해야 한다.

①양보의 최종적 마지노선을 정하라. ②상대의 끈질긴 요구에 마지 못해 응대하는 것처럼 하라. ③시간의 흐름에 반비례로 양보의 폭을 맞춰라. ④양보에 대한 반대급부 "만약에 ~하신다면"을 요구하라. ⑤ 선례가 되지 않도록 "이번만" 양보하라. ⑥양보할 수 없는 것은 양보하 지 말라.

이처럼 서로 요구와 양보를 주고받으면서 제안을 적절히 수정해 나 가야 한다.

3) 대안 확인 : 정상적인 형태로 협상이 타결될 수 없을 때는 가능한 한 최선의 대안을 찾아야 한다. 박노형은『협상교과서』에서 최선의 대 안에 대해 이렇게 기술했다.

① 최선의 대안은 협상에서 분명한 목표를 설정할 수 있도록 도와준다. 어쩌면 당신이 협상 목표를 분명하게 인식하지 못할 수 있다. 이때 당신의 목적을 달리 달성할 수 있는 대안을 찾아보게 됨으로써 당신이 협상에서 당면한 목표를 다 시 생각하게 된다. 이점에서 최선의 대안은 협상에서 당신의 목표를 분명하게 설정하도록 도와준다.

② 최선의 대안은 협상에서의 최종 양보점을 설정하도록 도와준다. 협상에서 합 의될 결과는 최선의 대안보다 좋아야 한다. 만일 협상하는 중에 도출될 합의가 최선의 대안보다 좋지 않다면 그 협상을 중단해야 한다. 대신 최선의 대안을 추 구하면 될 것이다. 이 점에서 협상을 계속 수행해야 하는지 중단해야 하는지를 판단하는 기준이 최선의 대안이다. 이렇게 최선의 대안은 협상의 최종 양보점 의 설정에 도움이 된다.

협상에서는 최선의 대안을 'BATNA'(Best Alternative To a Negotiated Agreement)라고 한다. BATNA는 바로 양보할 수 있는 최대 수준으로 협상에서 최소한 BATNA보다 나은 합의안을 이끌어내야 협상 타결을 할 수 있다. 그렇기 때문에 상대방에게 자신이 가진 최선의 대안을 노출시키지 않도록 주의해야 하며 상대방의 하한치를 추정하기 위해 노력해야 한다. 협상을 할 때, 상대방의 BATNA 평가를 통해 상대에게 요구할 수 있는 범위가 결정된다. 특히 협상 참여자들은 서로 최대한 양보할 수 있는 범위를 알아내야 협상에서 유리하기에 협상이란 가히 정보 전쟁이라 볼 수 있다. 더군다나 상대방에 대한 정밀한 파악 없이 무리한 요구를 하면 협상이 곧바로 결렬되기 쉬우므로 조심해야 한다.

협상자들은 협상을 통해 합의를 도출할 수 있는 '합의 가능 영역'인 ZOPA(Zone of Possible Agreements)를 발견하도록 노력해야 한다. ZOPA를 확인할 수 있다면 협상을 풀어나가기가 한층 쉬워진다. 일반적으로 ZOPA는 개시점(Starting point), 목표점(Target point), 최종 양보점(Bottom line)으로 구성되며, 특히 가격 결정을 다루는 협상에서 중요하다. 개시점은 목표점에 다가가기 위한 출발선이고, 목표점은 협상에서 바라는 기대 수준이며, 최종 양보점은 협상에서 더는 물러서지 못하는 한계선이다. 다시 말해 최종 양보점은 상대에게 마지막까지 저항하는 저항점이자 마지노선이고, 협의가 안 되면 협상 테이블을 떠나야 하는 결별점(Walkaway point)이다.

합의 가능 영역은 첫째, 고정적이지 않고 협상을 진행하면서 정보 교환에 따라 변할 수 있다. 따라서 상황에 유연하게 대처하는 자세가 필요하다. 둘째, 상대방의 합의 가능 영역을 정확히 알 수 없기 때문에 그동안 수집하고 분석한 정보를 근간으로 잘 판단해서 예측해야 한다. 특히 최초 제안에 해당하는 개시점은 협상 참여자들이 서로 수용하지 않을 가능성이 높으므로 충분한 여유를 두고 설정해야 한다. 개시점을 설정할 때는 협상에서 예상하는 양보의 횟수와 내용, 협상을 진행하는 시간, 목표점 등을 고려해서 현실적으로 정해야 한다. 결국 상대방과 합의 가능한 협상을 하려면 자신이 가지고 있는 최선의 대안을 확인하면서 그것을 기준으로 협상을 진행해야 한다.

4) 최종 제안 : 협상이 막바지에 이르면 더는 양보할 수 없다는 확고한 태도를 보여야 한다. 최종 제안이란 바로 협상에서 양보의 여지가 없다는 것을 알리는 Bottom line이다. '최종'이나 '적정'이라는 표현은 상대방에게 양자택일할 수밖에 없다는 것을 암시한다. 즉 상대방은 최종 제안을 받아들이거나 협상을 결렬시킬 수밖에 없다. 이러한 경우, 상대에게 최종적인 결정이 달려 있으므로 협상의 성사는 상대의 책임이 된다.

그런데 간혹 상대방에서 최종 제안을 믿지 못하는 경우가 있다. 지금까지 양보해온 태도로 미루어 더 양보할 수 있는 여지가 남아 있다고 생각하기 때문이다. 그래서 최종 제안마저 협상의 전략으로 여기고 받아들이지 않을 수 있다. 하지만 그렇다고 해서 최종 제안을 철회할 수는 없다. 또한 상대에게 계속 주도권을 내주며 협상을 진행할 수도 없다. 따라서 공개적으로 밝힌 입장이나 어느 정도 인정된 기준과 원칙을 상대에게 알려주고, 이를 기초로 최종 제안을 신뢰할 수 있도록 해야 한다.

그러나 최종 제안이 수용되지 않는 것보다 협상이 결렬되는 것이 훨씬 피해가 큰 경우에는 최종 제안을 고집하는 것보다 신축적인 자세로 대처하며 협상 타결로 유도해야 한다. 특히 상대방이 최후통첩이나 위협으로 오해할 수 있는 과도한 최종 제안을 피하고, 자신의 의지나 결정, 협상 시한에 대해 다소 모호하게 표현해서 약간이라도 협상의 실마리를 남겨놓는 것이 현명하다.

3. 협상을 타결하자

● 합의 도출

협상 참여자들은 협상을 진행하는 동안 상대방과 서로 줄다리기를 하면서 상대의 제안을 평가하고, 수락할 수 있는 조건과 선택사항의 범위를 검토한다. 그리고 당초 목적이 어느 정도 성공했다고 판단하면 협상을 타결하기 위한 준비를 한다. 잠시 협상팀과 사인을 주고받거나 아니면 별도로 시간을 내어 팀원들과 협의해서 결정을 내린다. 이때 팀원들은 받아들일 수 있는 선택사안들을 놓고 여러 가지 종합적 판단을 한다. 그리고 전체적인 동의를 통해 의견일치를 결정한다. 물론 여전히 미흡한 사안 또는 상충되거나 받아들일 수 없는 사안에 대해서는 별도의 해결점을 요구하게 된다.

이를테면 협상팀과 협의를 한 다음, 상대에게 "전반적인 문제에서 귀사의 제안을 받아들이고자 합니다. 다만 수락하기 전에 3번째 사안에 대해서는 좀 더 분명하게 결론이 나오기를 바랍니다."라고 하며 협상 타결을 희망한다고 말한다.

상대방 역시 자신의 협상팀과 논의한 내용을 가지고 다시 협상 의제에 대해 어떻게 받아들일지 결정하고 재상정할 것이다. 일단 기본적인 부분에서 서로 합의가 이루어졌으면 부차적인 부분에서 세부항목을 가지고 더 깊이 논의할지 아니면 일차적으로 협상을 마무리하고 추가 협상에서 남은 부분을 논의할지 결정해야 한다. 여기서는 시간이 협상에서 중대 변수 요인으로 작용한다. 이제 협상은 감정이나 분위기가 아니라 상대방의 제안을 받아들일 경우에 있을 수 있는 손익계산을 분명히 해야 하는 단계이다. 따라서 충분한 시간을 가지고 상대의 최종 제안을 주도면밀하게 검토하고 분석해야 한다. 수락할 수 있는 부분에 대해서는 상대방의 제안에 일차적으로 동의하고, 여전히 미진한 부분에 대해서는 상대방에게 새로운 대안을 요구해야 한다. 그리고 마침내 별다른 이의가 없을 때 협상은 최종 합의에 도달하게 되고 서로 만족할 수 있는 합의를 도출하게 된다.

● 문안 작성

원만한 합의를 도출했다면 이제 합의 사항을 이행하는 계획을 명문화해야 한다. 이러한 계획은 가급적 구체적일수록 좋다. 그래야 나중에 일어날 수 있는 여러 문제에 대비할 수 있다. 비록 협상이 성공적으로 타결되었다고 해도, 합의 사항을 그대로 이행했을 때 손해가 발생된다면 이행 약속을 어기기 쉽다. 게다가 협상을 한 다음에 더 많은 이익을 제공해줄 수 있는 다른 협상 상대를 만나게 되면 협상 자체를 무로 돌려버릴 수도 있다.

이를 예방하기 위해 협상이 타결되면 협상 참여자들은 합의 사항을 서면(Written Agreement)이나 구두(Oral Agreement)로 합의 약속을 하게 된다. 서면 문안이 가장 분명하고 확실한 방법이며 불가피하게 구두로 할 경우에는 녹취와 녹음을 해두어야 한다.

그리고 가능하면 상대방이 아닌 자신이 합의안을 작성하는 편이 좋다. 자신에게 맞는 언어나 표현을 선택할 수 있는 장점이 있고, 자신의 의지를 나타낼 수 있기 때문이다. 합의 사항을 문서로 작성할 수 있는 준비를 미리 해두고, 협상을 하는 동안 틈틈이 협상 쟁점에 대해 의논한 사항들과 서로의 입장을 기록해 놓으면 합의안을 작성하기가 훨씬 수월하다. 특히 장기간 협상할 경우에는 별도로 파일을 만들어서 일자별로 협상이 어떻게 전개되었는지 일목요연하게 정리해야 한다.

일반적으로 문서로 작성하면 초안이라도 내용을 수정하기가 어렵다. 따라서 흔히 소홀하게 여기는 부분도 명확하게 작성해야 한다. 세분화된 내용에 대해서는 미리 준용(準用)될 기본 규정을 만들어서 그 규정대로 "이에 따른 제반 규정은 ~에 따른다."고 명시한다. 협상 약속을 문서화할 때 단어나 표현을 잘못해서 그동안 공들여 얻어낸 협상을 망치는 경우도 있으니 매우 주의해야 한다.

아주 중요한 협상일 경우에는 전문적인 표현을 명문화하지 못할 수도 있고, 당사자들끼리 책임소재가 불분명할 수도 있으므로 전문적인 제 삼자에게 검토를 의뢰하도록 한다. 특히 해당 분야의 전문가나 변호사에게 자문을 받으면 서로에게 공정한 합의안을 작성하는 데 도움이 된다. 때에 따라서는 초안의 검토가 아니라 전문가가 직접 작성하게 할 수도 있다.

간혹 아무리 주의 깊게 합의안을 작성했어도 합의 내용을 해석하면서 분쟁이 일어나는 경우가 있다. 그러한 경우를 대비해 합의문에 분쟁이 일어날 경우 해결 방안을 규정해 놓아야 한다. 분쟁 해결에 대한 규정이 있으면 분쟁이 일어나도 규정에 따라 원만히 해결할 수 있기 때문이다. 또한 서로 신뢰하는 중재기관을 미리 선임해두는 편이 좋다.

이처럼 합의문 작성이 끝나면 양측 협상 대표가 서명하고 협상 결과를 발표한다. 이제 협상은 끝났다.

협상의 진행 화법

① 비난하지 않는다

② 상대의 의견을 경청한다

③ 의견을 칭찬한다

④ 개방형 질문을 한다

⑤ 상대방을 존중한다

사실 성공하는 협상에 왕도(王道)는 없다. 꾸준히 협상에 대해 공부하고 훈련하며 경험을 쌓아가는 수밖에 없다. 다만 성공하는 협상에 조금이라도 빨리 도달할 수 있는 조언이 있을 수 있다. 여기서는 필자가 그동안 쌓아온 경험을 통해 세 가지 조언을 하려고 한다.

1. 실패 원인을 분석하라!

협상에서 성공하는 요인이 있다면 반대로 실패하는 원인도 있다. 실패 원인을 분석하고, 개선한다면 다음 협상에서 성공할 가능성이 높아진다.

보통 협상에서 실패하는 요인으로 다음 네 가지를 들 수 있다. 실패 요인을 곰곰이 따져 성공하는 협상의 첩경으로 활용하기를 바란다.

첫째, 협상 준비 부족이다. 협상에서는 늘 예상하지 못한 상황이 나올 수 있다. 협상에서 일어날 수 있는 여러 상황을 사전에 충분히 시뮬

레이션하고 준비해두어야 어떠한 상황에서도 당황하지 않고 침착하게 협상할 수 있다. 철저히 준비한 쪽이 협상에서 성공할 수 있다는 것을 잊지 말자.

둘째, 협상 참여자가 피우는 고집이다. 협상에서 중요한 것은 서로 입장을 이해하고, 양보하고 타협하면서 적절한 균형을 찾는 것이다. 그런데 자기 고집만 부리고 한 발자국도 물러서지 않는다면 협상이 결렬될 수밖에 없다. 서로 주고받을 때라야 비로소 협상이 성사될 수 있다.

셋째, 경직된 사고다. 경직된 사고는 협상을 밋밋하게 만들고, 심지어 대치 정황으로 몰고 간다. 따라서 협상할 때는 항상 유연한 태도로 신축적으로 대처해야 한다. 분명한 원리원칙을 기준으로 하되 곧이곧대로 고수하기보다 융통성 있게 활용할 수 있는 실력이 무엇보다 중요하다. 기억하자, 협상에서는 언제나 변수가 있을 수 있다는 것을. 어떤 변수든 그에 맞춰서 협상을 이끌 수 없다면 결코 협상에서 성공할 수 없다.

넷째, 감정에 휘둘린다. 협상에서 감정은 매우 중요한 요소다. 호의적이고 친밀한 협상일수록 협상 진행이 원만하다. 그러나 노련한 협상가는 협상에서 감정에 끌려다니지 않는다. 협상을 하는 목적은 상대방과 유쾌한 감정을 교류하는 것이 아니다. 서로 입장 차이를 좁히고, 이해관계의 균형을 찾아 기대한 이상으로 성과를 얻어내는 것이다. 자칫 화기애애한 분위기에 이끌려 자신의 요구를 제대로 전달하지 못하거나 반대로 상대방의 감정적인 언사에 똑같이 감정적으로 대응한다면 뜻대로 협상을 이끌어나갈 수 없게 된다.

2. 협상윤리를 지켜라!

협상에서 상대가 속임수를 쓰거나 고의적으로 협상 진행을 방해했을 경우, 또는 강압적인 태도로 밀어붙였을 때 매우 불쾌한 감정을 느끼게 된다. 특히 상대에게 '속았다'라는 기분이 들면 협상의 성패와 상관없이 불쾌해하고, 같은 상대와 두 번 다시 협상하려 하지 않는다.

그래서 협상 참여자들은 협상에서 상대가 공정하게 응하기를 바란다. 이처럼 공정한 협상을 위한 원리와 원칙을 협상윤리(Ethics in Negotiations)라고 통칭한다. 협상윤리는 협상에서 허용되거나 허용되지 않는 잘잘못에 대한 준수해야 할 사회의 일정한 기준을 의미한다. 다만 협상윤리란 사회의 기준이므로 사회마다 기준이 다를 수 있다는 점을 주의해야 한다. 예를 들어 거짓말에 대한 판단은 해당 사회마다 상대적일 수 있다. 물론 질이 나쁜 거짓말은 어디서나 속임수이며 사기로 판단하지만 어느 정도 사소한 거짓말은 사회마다 허용되는 정도에 따라 다르다. 반대로 사소한 과장도 사회가 허용하는 정도에 따라 속임수가 될 수 있으니 조심해야 한다.

일반적으로 학자들은 협상 윤리에 대해 다음 세 가지 관점으로 논의해 왔다.

첫째, 협상을 포커 게임으로 보는 관점이다. 포커 게임을 진행하려면 일정한 규칙을 지켜야 한다. 다만 이러한 규칙을 지키는 범위 내라면 어떤 수단이나 방법을 써도 용인된다. 예를 들면 허세를 부리는 블러핑(Bluffing)이나 좋은 패를 들고도 상대가 눈치채지 못하도록 표정을 바꾸지 않는 포커페이스(poker face)는 얼마든지 허용된다.

둘째, 협상에서도 사회도덕을 지켜야 한다는 이상주의 관점이다. 협상도 사회생활이므로 당연히 사회도덕을 지켜야 하며, 사회에서 잘못된 것으로 규정된 사항 및 비윤리적인 술수와 계략을 사용하면 안 된다. 오로지 사회에서 허용되는 수단과 방법을 쓸 수 있다.

셋째, 첫째와 둘째의 중간적인 견해로 실용주의자들의 주장이다. 이들은 속임수나 술수, 계략 자체는 나쁘지 않다고 본다. 다만 속임수나 술수, 계략 등이 미래에 미칠 부정적인 영향을 문제라고 생각한다. 협상에서 어느 정도 속임수가 있을 수 있으나 장차 상대방과의 관계를 악화시킬 수 있으므로 조심해야 한다고 말한다. 즉 상대를 가려 이상주의로 대응하거나 포커 게임의 관점으로 대응해야 한다는 주장이다.

지금까지 우리는 협상이란 상대와 승패를 가리는 경쟁이 아니라 서로 협상을 통해 만족할 만한 성과를 얻어내는 과정이라고 확인했다. 단순히 협상에서 이기고 지는 것은 일시적이고 오히려 장래 관계에서 바람직하지 못하다.

협상에서는 협상을 통해 얻는 이익뿐만 아니라 신뢰와 호의 관계의 잠재적 가치도 중요하다. 따라서 양측이 모두 만족하는 win-win 협상이 가장 바람직하고 성공한 협상이라고 할 수 있다.

협상에 임할 때는 윤리성을 바탕으로 단기간이 아닌 장기간을 바라보는 안목을 가져야 하고, 상대방의 명백한 실수를 이용하지 말며, 상대방에게 공개할 수 있는 정보를 충분히 알려줘서 공정한 협상이 되도록 노력해야 한다. 이것이 바로 협상에서 지켜야 할 협상윤리다.

3. 명품 인간이 되어라!

가장 좋은 협상가는 성공하는 협상가다. 협상은 사람과 사람이 서로 이해관계의 균형을 조율하는 과정이다. 따라서 협상의 성사유무는 사람, 즉 협상가에게 달려 있다고 해도 과언이 아니다.

성공하는 협상가를 살펴보면 상대방이 선호하는 인격을 확인할 수 있다. 협상에서 서로 가장 선호하는 것은 바로 신뢰성이다. 상호 신뢰가 없으면 협상에서 원만한 합의를 이끌어내기 어렵다. 서로 하는 말을 믿을 수 없거니와 설령 협상이 타결된다고 해도 제대로 이행할 수 있을지 의심하게 된다.

뉴욕 경찰 인질협상 전문가인 미지노(Dominik Misino)는 자기 경험을 바탕으로 신뢰의 중요성을 다음과 같이 설명했다.

"예를 들어, 무기를 든 범인을 다룰 때, 내 첫 번째 원칙은 그저 정중하게 행동하는 것이다. …… 많은 경우 내가 상대하는 사람들은 몹시 난폭한 편이다. 그 이유는 그들이 느끼는 분노의 수준이 매우 높기 때문이다. 은행 앞에 바리케이드를 쳐놓고 총을 든 채로 경찰과 대치하고 있는 사내는 싸울지 도망칠지 분명히 결정해야 하는 공황상태에 있다고 볼 수 있다. 그런 상황을 진정시키려면 상대방이 어떤 생각을 하고 있는지 이해하려고 노력해야 한다. 그 첫 단계가 바로 상대방을 존중하고 있음을 보여주는 것이다. 다시 말해 나의 진실성과 신뢰성을 보여줘야 한다는 말이다. 그래서 나는 항상 그가 무엇을 요구하기 전에 먼저 필요한 것이 없는지 물어본다."

미지노는 신뢰란 상대방에 대한 존중과 정중한 자세에서 시작되며 진실성에 바탕을 두고 있다고 말한다. 이것은 비단 인질협상에만 해당되지 않는다. 어떤 협상에서도 신뢰성은 성공의 가장 중요한 키워드가 된다. 성공하는 협상가가 되려면 그 자신이 바로 신용수표가 되어야 한다. 상대방이 협상을 하면서 합리적이고 공정하다고 느끼게 해야 하며, 있는 그대로 받아들여도 손해 보지 않을 것이라고 믿게 해야 한다. 이처럼 신뢰로 무장한 명품인간이야말로 가장 성공하는 협상가이며 자신의 인생에서도 성공을 거머쥘 수 있다.

구체적인 협상 과정의 총정리

① 준비의 과정
- 현재 상태를 확실하게 파악해서 협상에 임하는 이유와 목표를 명확히 설정한다. 상대방의 관점에서 문제를 인식함으로써 협상을 점검하고 결과를 예측해 본다.
- 상대방과 비슷한 숫자의 협상팀을 갖춘다. 협상 환경을 고려해서 계획을 짜고 일정을 합의한다.
- 협상 상대방과 협상 문제에 대해 자료를 수집하고 통계를 산출한다. 이때 필요하지 않는 정보는 걸러내는 능력이 필요하다.

② 진행의 과정
- 정보 교환을 통해 협상을 재인식하고 상대방의 능력을 알아본다.
- 균형을 갖춘 긍정적인 관계를 수립해서 협상에 임한다.
- 적절히 질문을 활용하고 상대방을 이해하며 차이를 좁히는 등의 방법들을 염두에 둔 의사소통을 하도록 노력한다.
- 신뢰에 금이 가지 않을 선에서 유리한 제인을 한다. 서로 요구와 양보를 주고받으며 제안을 수정한다. 협상 타결이 힘들 때는 가능한 한 최선의 대안을 찾는다. 합의 가능 영역을 활용해 마지막 합의안을 이끌어낸다.

③ 타결의 과정
- 시간을 내어 협상팀과 협의해 의견일치를 한 뒤 상대방에게 협상 타결을 요청한다. 상대방도 같은 과정을 통해 더 논의를 할 것인지 타결을 할 것인지 결정할 것이다. 서로 이의가 없을 때 최종 합의를 도출한다.
- 나중에 일어날 수 있는 문제를 없앨 수 있도록 구체적으로 합의안을 작성한다. 장기간 협상할 경우는 별도로 파일을 만들어야 한다. 또한 합의안을 이루는 단어나 표현에도 주의한다. 필요한 경우 전문가나 변호사의 자문을 받는 것도 좋다.